영성 없는 진보

영성 없는 진보

사유의 뜰 1

한국 민주주의의 위기를 생각함

김상봉

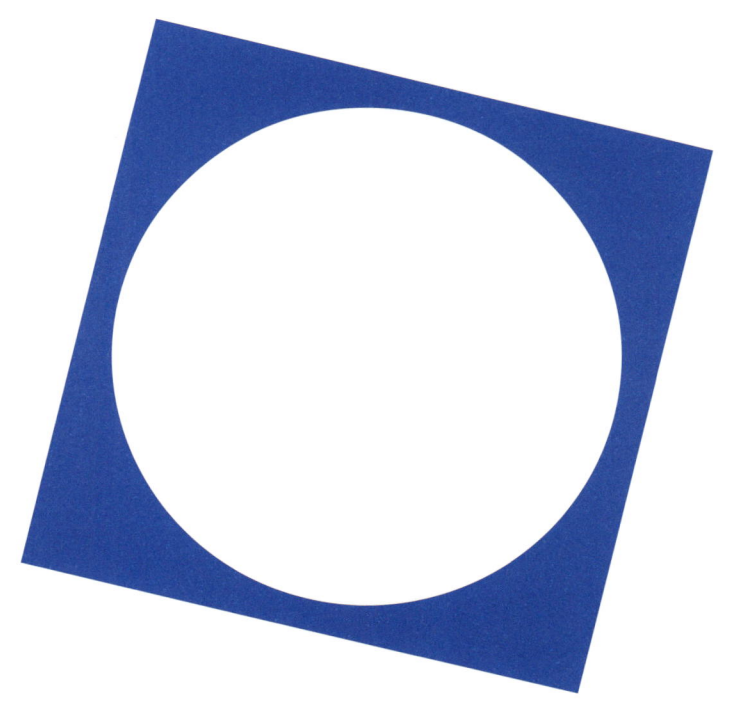

온뜰

전 전남대학교 총장
강정채 교수님께

총장님!

덕분에 낯선 타향이
고향 같았습니다.

칠삭둥이 같은
제게 베풀어 주신
그 한결같은 보살핌에
깊이 감사드립니다.

참된 믿음을 기다리며

─머리말을 대신하여

이 책은 지난해, 2023년 10월 13일 경남대학교 K-민주주의연구소 개소 기념 학술 심포지엄에서 발표했던 글을 다듬고 늘린 글이다. 당시 연구소에서 내게 청탁했던 주제는 '한국 민주주의의 위기'였다. 그런 만큼, 이 글의 내용을 한마디로 요약하자면, 그것은 한국 민주주의 위기의 원인에 대한 성찰이라고 말할 수 있을 것이다.

오늘날 한국의 민주주의가 위기에 처했다는 것은 조금이라도 생각이 있는 사람이라면 누구라도 인정할 수밖에 없는 일이다. 그것은 백주 대낮에 야당 대표가 칼에 찔리고, 여당 국회의원이 둔기로 공격당하는 사실이 모자람 없이 증명해 준다. 정치가 무엇이든 그리고 민주주의가 무엇이든지 간에, 시민들이 정치적 입장의 차이 때문에 다른 사람을 죽이고 싶도록 증오하게 된다면, 이런 정치적 상황이 결코 정상적인 상황이라고 말할 수는 없을 것이다.

어쩌다 이렇게 된 것일까? 우리가 처한 민주주의의 위기 상황에서 벗어나려면, 먼저 위기의 원인을 올바르게 진단해야 할 것이다. 하지만 대다수 한국인은 한편에서는 과도하게 정치적이지만 다른 한편에서는 한국의 정치가 위기 상황이라는 것에는 의외로 둔감하다. 그 까닭은 많은 사람들의 정치적 관심이라는 것이 정치를 통해 우리나라를 보다 더 좋은 나라로 만들려는 관심이 아니라 자기가 지지하는 당파의 권력 획득에 대한 관심이기 때문이다. 이것은 배가 침몰해 가는데, 서로 조타실을 차지하겠다고 싸우는 것과 같다.

시민의 정치적 관심이라는 것이 당파적 이익에 대한 관심을 넘어서지 못하다 보니, 한국의 민주주의 자체가 위기에 처해 있다는 현실에 대해 대다수 한국인이 절실한 문제의식을 가지지 못하는 것은 조금도 이상한 일이 아니다. 나라야 어찌 되든, 내 편이 권력을 잡을 수만 있다면 그것으로 족하다는 것이 한국인들의 평균적 정치의식인 것이다. 그러니 민주주의의 위기가 아니라, 인구 소멸로 아예 나라의 존립 자체가 위험에 처해 있다 한들, 그것이 무슨 대단한 염려거리가 되겠는가?

그럼에도 불구하고, 아니 그렇기 때문에 누군가는 이 상황을 냉철하게 성찰해야 한다. 무엇이 어디서부터 어떻게 잘못되었기에, 아시아에서 가장 모범적인 민주주의 국가였던 한국의 민주주의가 순식간에 위기 상황에 처하게 된 것일까? 이 물음에 대해 그동안 여러 사람이 여러 가지로 진단하고 나름의 해법도 제시해 왔다. 특히 최근 윤석열 정부 들어 민주주의가 역주행하는 현상이 뚜렷해진 뒤에는 비단 진보 진영에 속하는 사람들뿐만 아니라 보수 진영에 속하는 사람들 사이에서도 심각한 우려의 목소리가 터져 나오는 것을 어렵지 않게 들을 수 있다.

나 역시 오래전부터 한국의 민주주의를 염려하는 목소리들을 경청해 왔으며 또 스스로도 기회 있을 때마다 대한민국의 미래를 위해 비판과 제안을 해 왔다. 그것을 여기서 반복할 수는 없을 것이다. 그러나 지금 이 책에서 내가 말하려는 것은 다른 사람이 해 왔던 말뿐만 아니라 나 자신이 해 왔던 말과도 조금 결이 다르다. 한국 민주주의의 위기에 대해 여기서 내가 제시한 원인을 한마디로 말하자면, 그것은 한국 정치의 파행은 영성의 부재에서 비롯된다는 것이다. 다시 말해 우리가 지금 목격하는 한국 사회의 정치적 파행은 우리의 믿음이 병들었기 때문이라는 것이, 이 책에서 내가 말하려는 바다.

하지만 정치와 영성이 무슨 상관이 있는가? 아니 그 이전에 영성이란 것이 도대체 무엇인가? 그리고 영성이 정치와 어떤 식으로든 상관이 있다 하더라도 그것이 왜 보수가 아니라 진보 진영의 문제인가?

똑같은 마음의 일이라도, 일반적으로 영성은 종교적 믿음과 신앙에 관계된 것이고, 정치는 그런 종교에 대하여 중립적인 영역이므로, 영성은 정치와는 아무런 상관도 없다고 생각된다. 게다가 같은 정치 영역에서도 진보 진영에서는 마르크스처럼 종교를 적대하는 정도까지 가지 않더라도, 종교와 정치를 엄격하게 분리해서 생각하는 세속주의를 표방하는 것이 일반적인 일이므로, 진보 정치에 영성이 없는 것은 어찌 보면 너무나 당연하며, 내가 그것을 두고 새삼스레 한국 민주주의의 위기의 근원이라고 말한다면, 이는 너무도 뜬금없고 터무니없는 말처럼 들릴 것이 분명하다. 그러므로 여기서 영성이 무엇이며, 그것이 정치와 무슨 상관인지 그리고 마지막으로 같은 정치라도 왜 진보 정치에서 영성이 실종된 것이 문제인지를 간단히 설명할 필요가 있을 것이다.

먼저 영성이라는 낱말 자체에 관해서 보자면, 나는 이 말을 나와 전체가 하나라는 믿음을 의미하는 개념으로 사용했다. 여기서 전체를 어떻게 표상하느냐 하는 것은 사람마다 다를 수 있다. 그리스도교인이라면 전체가 신일 것이다. 그리하여 그들에게 영성이란 다른 무엇보다 나와 하나님이 하나라는 믿음으로 나타날 것이다. 하지만 그렇다고 해서 영성이 그리스도교의 전유물이라 말할 수는 없다. 오구라 기조小倉紀藏는 『조선사상사』도서출판 길에서 고대로부터 현대에 이르기까지 한국 사상을 전체로 고찰할 때 우리가 발견할 수 있는 가장 뚜렷한 개성으로 "조선적 영성"을 들었는데, 그에 따르면 나와 전체의 합일에 대한 믿음으로서의 영성은 신라의 고승高僧 원효의 '일심'一心에서부터 퇴계 이황의 '천인합일'天人合一이나 수운 최제우의 오심즉여심吾心卽汝心(내 마음이 곧 네 마음이다)에 이르기까지 일관되게 이어져 내려온 한국 사상 전체의 본질적 특성이라고 말할 수 있다. 우리들 각자의 마음이 무한히 큰 하나의 마음으로 이어져 있고, 하늘과 사람이 근원에서는 하나로 합일해 있으며, 신의 마음이 곧 사람의 마음이라는 것은 모두 표현이 다를 뿐 나와 전체가 근원에서 하나라는 믿음의 표현이다. 그러니까 굳이 그리스도교적 신앙이 아니더라도 우리는 나와 전체가 하나라는 믿음을 가질 수 있고, 그런 의미에서 영성이란 특정한 종교적 믿음과 무관하게 우리가 품을 수 있는 마음의 소질이나 자세라고 말할 수 있을 것이다.

하지만 이런 의미의 영성이 정치와 무슨 상관이 있는가? 그리고 특히 같은 정치라도 진보 정치와 영성이 무슨 상관이 있기에 한국 민주주의의 위기의 근저에 영성의 부재가 놓여 있다고 말하는 것인가? 이렇게 묻는다면, 그 이유는, 짧게는 해방 이후, 길게는 동학 농민 혁명 이래, 이 나라의 진보적 정치 활동이란 '전체를 위한 자기희생'이었다고 요약할 수 있기 때문이다. 해방 이후 민주주의의 발전 과정만 놓고 보더라도, 독재 권력의 철권통치에도 불구하고 끝내 민주화를 이룰 수 있었던 것은 수많은 사람이 말 그대로 '목숨을 걸고' 독재에 맞서 싸운 덕분에 가능했던 일이다. 만약 그런 용기 있는 사람들이 없었더라면, 여전히 많은 사람이—그들 가운데는 이 책을 읽는 당신도 포함될지 모르지만—이승만을 국부로 추앙하고, 박정희를 경제 발전의 아버지로 숭배하는 현실을 생각해 볼 때, '한국에서 민주주의를 바라는 것은 쓰레기통에서 장미꽃이 피기를 바라는 것과 같다'던 영국 언론인의 말처럼, 지금도 우리는 독재자의 노예로 살고 있을 것이다. 우리의 역사가 돌이킬 수 없는 구렁텅이로 빠져들지 않고 의미 있는 진보의 길을 걸을 수 있었던 것은 타인의 고통을 외면하지 않고, 그 고통에 응답하고, 우리 모두의 선을 위해 자기를 희생한 사람들이 이 땅에 많이 있었기 때문이다.

그러나 역사가 선을 향해 진보한다는 믿음이 없다면, 그리고 내가 그 전체 역사와 근원에서 하나로 이어져 있다는 믿음이 없다면, 과연 그런 자기희생이 가능하겠는가? 그 믿음이 어디에 기인한 것이든지 간에 그런 믿음이 있었기 때문에, 그토록 야만적인 독재 권력의 억압 속에서도 모두가 굴종하거나 동조하지 않고, 우리들 가운데 누군가는 자기의 전 존재를 걸고 야만에 맞서 싸울 수 있었다. 그리고 그들의 희생 덕분에 우리는 박정희도 전두환도 없는 이 좋은 세상에서 자유로운 삶을 살게 된 것이다.

역사가 선을 향해 진보한다는 것은 이성이 증명해 줄 수 있는 명제가 아니다. 물론 마르크스가 그런 증명을 시도하기는 했었다. 그는 자본주의가 고도로 발전하면 그것이 해체되고 사회주의가 도래하는 것을 일종의 필연적 법칙이라고 주장했다. 하지만 그의 말이 과학을 빙자한 농담이었다는 것은 지난 역사가 넘치도록 증명해 준 것이므로 내가 애써 반박할 필요는 없을 것이다.

그런데 그런 역사 발전의 법칙이란 것보다 훨씬 더 받아들이기 어려운 것이 바로 내가 전체와 하나라는 믿음이다. 생각하면, 내가 느끼는 고통의 끝이 나의 한계이다. 이런 의미에서 보자면 신체의 한계가 나의 한계이다. 나는 내 신체 너머 타인의 고통을 결코 직접 지각할 수 없다. 그러므로 세계의 고통은 나 자신의 고통이 아니며, 세계의 기쁨도 내 기쁨은 아니다. 이처럼 나와 세계가 고통으로 연결되어 있지 않은데, 어떻게 나와 세계가 하나라고 말할 수 있겠는가?

그러나 이 자연스럽고 당연해 보이는, 나와 세계의 분리가 전태일에겐 결코 당연한 것도 자연스러운 것도 아니었다. 왜냐하면 그에겐 타인의 고통이 곧 자기 자신의 고통이었기 때문이다. 그는 배고픈 어린 여공들에게, 자신이 버스비로 써야 할 돈으로 붕어빵을 사 주고, 청계천 평화시장에서 도봉산 기슭 집까지 걸어갔다. 차비를 털어서는 여공들의 배고픔을 해결할 수 없다는 것을 깨달았을 때, 그는 자기의 한쪽 눈을 판 돈으로 착취 없는 공장을 만들려 했다. 하지만 그 시도조차 좌절되었을 때, 그는 자신의 몸을 불살라

어두운 세상을 밝혔다. 그 불빛 덕분에 사람들은 평화시장에서 어떤 일이 벌어지고 있는지를 볼 수 있었다. 한 사람의 희생이 만 사람의 응답을 불렀으니, 수많은 젊은이가 멀쩡한 대학을 나와 신분을 숨기고 노동 현장에 뛰어들던 것을 과연 오늘의 젊은 세대가 상상이나 할 수 있을까?

그렇든 말든 분명한 것은, 그 시절 너무도 많은 젊은이에게 타인의 고통이 곧 자기의 고통이었다는 사실이다. 내가 세계의 고통과 이어져 있는 한에서, 나는 세계이다. 하지만 이성은 내가 이 세계 전체와 하나라는 것을 증명할 수 없다. 이성은 세계를 전체로서 생각한다. 인간이 세계와 역사를 전체로서 생각할 수 있는 것은 그가 이성적 존재이기 때문이다. 그러나 인간이 세계와 역사 전체를 어떻게 생각하고 인식하든지 간에, 생각하는 주체인 이성에게 세계와 역사는 그 주체로부터 분리되어 마주 서 있는 대상일 뿐이다. 그도 그럴 것이 생각하고 인식하는 주체에게는 자기 자신조차 생각의 대상이기 때문이다. 주체와 대상 사이의 이런 분열은 생각 자체의 근원적 조건에 속하는 것이므로, 이성 자신의 힘으로는 결코 극복할 수 없다. 반대로 말하자면, 나와 이 세계가 결코 분리된 타자가 아니라 하나로 이어진 존재라는 것을, 나는 이성으로 증명할 수 없다.

그러니까 이성은 나와 이 세계 전체가 하나라는 것도, 역사가 선을 향해 진보한다는 것도 증명할 수 없다. 하지만 증명할 수 없다

해서 역사가 진보한다는 것도, 나와 세계가 하나로 이어져 있다는 것도 내가 믿지 않는다면, 과연 나는 전체를 위해 나를 희생할 수 있겠는가? 그럴 수는 없을 것이다. 왜냐하면 나에게 나는 절대적 목적이기 때문이다. 내가 전체를 위해 나를 버릴 수 있으려면, 세계가 나와 하나이며, 역사가 선을 향해 진보한다는 믿음이 있어야 한다. 오직 그 믿음 때문에 나는 전체를 위해 나를 버릴 수 있는 것이다. 왜냐하면 내가 전체와 하나이므로, 내가 전체를 위해 나를 버리는 것은 나를 영원히 잃어버리는 것이 아니고, 전체 속에서 나를 되찾는 것이기 때문이다.

이런 믿음이 바로 영성이다. 그러니까 영성이란 이성이 알지 못하는 신비적인 체험이 아니라 나와 전체가 하나라는 굳건한 믿음에 존립하는 것이다. 이 믿음은 이성이 증명하지 못하는 것이므로 인식이 아니고 믿음이다. 인식이 이성의 일이라면, 믿음은 영성의 일이다. 그리고 인식의 체계가 과학으로 나타난다면, 믿음의 체계는 종교로 나타날 것이다. 그런 의미에서 영성은 종교적 삶의 지평이라고 말할 수 있을 것이다.

한국인이라면 동학 농민 혁명에서부터 광주 5·18까지 이 땅에서 정치적 실천이 종종 종교적 운동과 결합되어 있었던 것을 모르지 않을 것이다. 동학은 그 자체로서 새로운 종교였고, 3·1운동의 민족 대표는 모두 종교의 대표이기도 했다. 이런 전통은 해방 후에도 끊어지지 않아서, 1970년대 이 나라의 진보 운동은 종교적 연대를 무시하고서는 설명할 수 없다. 19세기 이래 다른 나라에서는 진보적 정치 행위가 세속주의에 의거하고 있었던 데 반해, 이 나라에서는 도리어 종교적 신앙이 혁명적 진보 운동의 토양이 되었던 것은, 한국 근현대 민중 운동 역사의 특별한 개성이다.

하지만 1980년대 이후 이 전통은 끊어진다. 진보와 보수를 막론하고 오늘날 우리는 어디서도 나와 세계가 하나라는 믿음도, 그 믿음에 근거하여 전체를 위해 자기를 희생하는 정신도 찾아보기 어렵게 되었다. 한국 민주주의의 위기는 바로 이런 믿음의 실종에서 비롯된다. 왜냐하면 나와 세계가 하나라는 믿음을 잃어버리고 나면, 정치는 나를 던져 세계를 구하겠다는 열정이 아니라, 단지 권력을 쟁취하고 세상을 지배하겠다는 욕망의 경연장이 될 수밖에 없기 때문이다.

그러나 믿음의 상실과 영성의 부재가 왜 진보 정치의 문제일까? 그 이유는 두 가지이다. 하나는 이 책을 일종의 자기비판으로 쓴 것이기 때문이다. 나는 철이 든 뒤에는 이른바 진보 진영에 속한 사람으로서 평생을 살아왔다. 나는 민주노동당 당원으로 처음 당적을 가졌고, 그 당이 둘로 분당된 뒤에는 진보신당의 창당에 참여하여, 새로운 진보 정당의 강령을 기초했다. 그 후 민주노동당에서 당원들을 이끌고 나와 진보신당을 창당했던 노회찬, 심상정 의원 등이 다시 옛집으로 돌아갈 때, 나는 그들을 따라가지 않고 남았다. 나의 상식으로는, 돌아가려면 나오지 말았어야 했고, 나왔으면 옛집으로 돌아가지 말아야 했다. 공적으로 표명한 신조와 약속을 지키는 것은 정치적 활동의 최소한의 전제이다. 약속과 신조를 지키는 것이 치명적인 파국을 불러온다면, 그것을 감당하는 것 또한 공적 활동에 참여하는 사람의 염치이다. 그 파국을 스스로 감내해야, 사람들이 함부로 약속하지 않게 된다. 그렇게 함부로 약속하지 않을 때, 모든 약속은 무거워지고, 그렇게 공적인 약속이 무거워질 때, 비로소 정치가 무게를 가지게 된다. 그리고 그 무게에 의해 정치는 안정성과 신뢰성을 얻는 것이다. 하지만 나는 이 나라의 정치에서 그런 것들을 기대할 수 없다는 것을 비싼 수업료를 내고 배웠다.

진보신당의 실험이 실패로 돌아간 뒤에 나는 어떤 정당에도 참여하지 않았다. 그 대신 질문했다. 무엇이 잘못된 것일까? 이 물음에 대한 답을 한마디로 말하자면, 믿음이 없었기 때문이다. 전체의 선을 추구하는 사람은 그 전체와 내가 하나라는 믿음이 있어야 한다. 그래야 전체의 바다에 자기를 던질 수 있다. 그러나 한국의 진보 정치가 순전한 세속주의로 흐르면서, 진보는 그 믿음을 잃어버렸다. 믿음은 영성의 일이다. 그래서 제목이 "영성 없는 진보"가 되었다. 이 제목은 나의 자기반성과 성찰의 표현이다.

이 책의 제목이 "영성 없는 진보"가 된 다른 까닭은, 이 나라의 보수 정치에는 전체의 선을 위해 자기를 희생한다는 정신 자체가 없으므로 믿음이나 영성을 거론한다는 것 자체가 아무런 의미가 없는 일이라고 내가 생각하기 때문이다. 나는 나 자신의 경험을 통해 한국의 현대사에서 진보 정치의 선한 열정이 어떤 것이었는지를 알고 있다. 물론 그 한계도 알고 위선까지도 너무도 잘 알고 있다. 하지만 한국의 보수 정치가 추구하는 것이 무엇인지 나는 아는 것이 아무것도 없다. 예나 지금이나 보수가 이 나라를 지배한다. 그러므로 보수적 정치 활동을 한다고 해서 박해를 두려워할 필요는 없다. 그런 점에서 보자면 보수 정치를 위해서 특별한 믿음이나 영성이 필요한 것은 아니다. 그렇다면 이른바 보수 정당에서 정치를 한다는 사람들은 무엇을 위해 정치를 하고 권력을 얻으려 하는 것일까?

나는 모른다. 그러나 한 가지 분명해 보이는 것은, 그들은 전체를 위해 자기를 희생한다는 것이 어떤 것인지를 전혀 이해하지 못한다는 사실이다. 그런 까닭에 친구들이 공장 가고 감옥 갈 때, 고시 공부해서 출세한 뒤에, 이제는 자기 대신 독재 권력과 싸워 세상을 이만큼이라도 바꾸어 놓은 사람들을 향해 운동권 특권 세력이라고 비판할 수 있는 것이다. 그런 사람들에게 안도현 시인의 저 유명한 시구가 처방이 될 수 있을까?

"연탄재 함부로 발로 차지 마라
너는
누구에게 한 번이라도 뜨거운 사람이었느냐"

- "너에게 묻는다"

그것이 어떻든, 영성이란 근원에서는 정치적 당파성을 초월한 것으로서, 사실은 진보의 문제도 아니고 보수의 문제도 아니다. 그리고 그것은 정치에 국한된 문제도 아니고, 전체의 선을 추구하는 모든 사람에게 필요한 마음의 소질이다. 그리고 전체와 내가 하나라는 믿음이 종교적 믿음과 상통한다는 점에서, 우리가 때때로 보수적인 신앙을 가진 종교인들에게서 더 순수한 영성의 모범을 볼 수 있다는 것도 부인할 수 없는 사실이다. 이를테면 오래전 해방 공간에서 좌익과 우익이 폭력적으로 충돌하던 시절, 좌익 무장대의 손에 죽임당한 제주의 이도종 목사나, 자신의 두 아들을 죽인 좌익 학생 안재선을 양자로 받아들인 순천의 손양원 목사 같은 분들이야말로 그들의 정치적 입장과 무관하게 참된 믿음과 영성의 모범이 된 분들이라고 나는 생각한다.

그러나 그들의 시대는 지나갔다. 목사가 "하나님 까불면 죽어!"라고 떠들고, 손바닥에 왕王자 쓰고 텔레비전 토론에 나온 검사가 대통령이 되는 이 초현실적인 나라에서, 자기비판 이외에 내가 다른 누구에게 무슨 말을 할 수 있겠는가?

오랫동안 나는 이른바 진보 진영에서 세상을 향해 이성적 언어로 말해 왔다. 생각하면 영성은 믿음의 일이요, 믿음은 또 종교의 일이기도 하므로, 정치의 장에서 종교적 중립을 지키고 이성적 언어로 말하는 것은 당연히 그래야 하는 일이었다. 그러나 우리가 사는 나라를 바로 우리 자신이, 사람이 살 수 없는 지옥으로 만들어, 이제 대한민국이라는 나라 자체가 집단적 자살을 향해 치닫고 있는 지금, 이성의 언어만으로는 결코 이 위기에서 벗어날 수 없을 것이다. 조선 왕조가 썩은 흙담처럼 무너져 가던 시절, 동학이라는 새로운 믿음의 언어가 필요했던 것처럼, 국가가 아니라 민족 자체가 소멸의 위기에 처한 지금, 우리에게 필요한 것도 절망적 현실을 초월할 수 있는 어떤 믿음이다. 이 작은 책에서 나는 그 믿음이 어떤 것인지를 말하지는 못하였다. 그러나 구하지 않는 사람에게 거저 주어지는 진리는 없다. 그런 의미에서 새로운 믿음을 고대하는 것 자체가 새로운 역사의 시작일 것이다.

처음 이 글을 쓸 때, 나는 이것이 한 권의 책이 되리라고 생각하지는 않았다. 온뜰의 정모세 대표의 제안이 없었더라면, 이 글은 이런 형식으로 독자들을 만나지는 못했을 것이다. 보잘것없는 글을 한 권의 책으로 출판하게 된 것은 전적으로 그분 덕이다. 그 호의에 감사드리는 것은 저자로서 마땅하고도 기쁜 의무일 것이다. 더불어 이 책의 편집을 위해 수고하신 박예찬 편집자 그리고 디자인을 맡아 주신 김진성 님께도 감사의 인사를 드린다.

모두에게 하늘로부터의 평화가 함께하시기를.

2024년 새해 아침

차례

참된 믿음을 기다리며 7

1. 한국 민주주의는 위기인가? 27
2. 비판과 형성 사이에서 33
3. 정치 민주화와 경제 민주화 사이에서 41
4. 교육의 실패와 정신의 빈곤 57
5. 혁명과 영성—전태일과 서준식의 경우 65
6. 촛불과 태극기 사이에서 95
7. 새로운 믿음을 기다림 109

주 119
참고문헌 136

"가까이 있으면서
 붙들기 어려워라, 신은.
 그러나 위험이 있는 곳엔
 구원도 따라 자란다."

프리드리히 횔덜린

한국 민주주의는 위기인가?

역사가 퇴행하는 것을 원치 않는다면, 민주주의가 어떤 위기 상황에 다시 처한 지금, 그 위기를 근원에서부터 진단하고 그것을 넘어설 길을 열어 가야 할 것이다.

한국 민주주의의 미래를 어느 정도 낙관할 수 있던 시절이 있었다. 역사의 능선이 더러는 내리막을 걷는 것처럼 보여도 더 높은 봉우리를 향해 다시 전진하리라는 믿음을 굳게 지킬 수 있던 시절이 있었다.❶ 하지만 부마민주항쟁이 일어난 지 반세기가 되어 가는 지금, 여전히 우리는 이런 믿음을 포기하지 않고 지켜 나갈 수 있을까? 아니면 우리에겐 이제 역사에 대한 희망이 아니라 체념과 절망만 남은 것일까?

이 물음에 우리가 어떻게 대답하든지 간에, 한 가지는 분명해 보인다. 그것은 한국 사회가 한 가지 중요한 점에서 한국 전쟁 이전으로 퇴행했다는 사실이다. 이른바 보수 단체의 집회에서 서북청년단의 깃발이 등장하고, 제주4·3사건 추념일에 재건된 서북청년단이 4·3평화공원 앞에서 시위를 벌일 지경에 이른 것은 ❷ 한국 사회가 한국 전쟁 이전의 적대적 대립으로 돌아갔다는 것을 보여 준다.

학자들이 민주주의를 어떤 식으로 정의하고 규정하든, 그것이 정치적 존재의 지평에서 경쟁하는 주체들이 다른 주체의 존재 권리를 인정하는 것을 가장 본질적인 전제로 한다는 것은 분명하다. 만약 이 전제를 승인하지 않는다면, 정치는 지금보다 나은 국가 형성을 위한 선의의 경쟁이 아니라 상대방을 멸절하고 권력을 독점하기 위한 전쟁이 되어 버릴 것이다. 한 국가 내에서 정치가 전쟁 상태로 퇴행한 것을 가리켜 내전이라 한다. 내전이란 상대방을 폭력적으로 제거하거나 제압하려는 정치적 집단행동이다. 이에 반해 정치 행위가 적대적 대립과 각축으로 치닫더라도 그 대립이 아직 물리적 폭력 행사를 동반하지 않을 때, 이를 권력 투쟁이라고 부를 수 있을 것이다.

20세기 전반, 파시즘이 가장 두드러진 정치 행태로 등장한 뒤에, 카를 슈미트Carl Schmitt가 정치의 근본 범주를 선과 악이나, 정의와 불의가 아니라 적과 동지로 구분한 것에서 알 수 있듯이, ❸ 정치를 공공선을 실현하기 위한 선의의 경쟁이 아니라, 맹목적 권력 투쟁으로 보는 것은 그다지 이상한 일이 아니다. 왜냐하면 지난 세기의 파시즘이나 볼셰비즘은 차치하더라도, 최근 미국 대통령 선거 이후 벌어진 의사당 점거 사태에서 보듯, 상대방을 인정하지 않는 적대적 대립 구도는 제3세계 국가만이 아니라 한때 민주주의의 모범으로 칭송받은 미국에서도 확인되는 현상이기 때문이다. 그리하여 오늘날, 정치가 공공선을 위한 선의의 경쟁이라는 것은 처음부터 뻔한 구두선口頭禪으로서, 하나의 비현실적 이념이거나, 현실에서 발견된다고 하더라도 일종의 예외적 현상으로 보이기까지 한다.

그러나 설령 현실에서 정치 행위가 권력 투쟁에 지나지 않고, 보편적 선을 위한 선의의 경쟁은 한갓 철학 책에 쓰여 있는 구두선에 지나지 않는다 할지라도, 이것은 우리가 포기할 수 없는 가치이다. 왜냐하면 정치가 보편적 선의 추구라는 그 이상 자체를 포기해 버리고 정치는 한갓 권력 투쟁에 지나지 않는다는 것을 변경할 수 없는 현실 법칙이라도 되는 것처럼 받아들이는 순간, 우리는 권력을 얻기 위해 무엇이든지 할 수 있는 사람들이 활개 치는 세상, 곧 1980년 5월 광주에서의 학살과 1960년 3월과 4월의 학살, 더 거슬러 올라가 제주4·3사건에서부터 한국 전쟁으로 이어진 내전 상황에서 벌어진 학살이 반복되는 시대로 돌아갈 수밖에 없기 때문이다. 이런 식으로 역사가 퇴행하는 것을 원치 않는다면, 민주주의가 어떤 위기 상황에 다시 처한 지금, 그 위기를 근원에서부터 진단하고 그것을 넘어설 길을 열어 가야 할 것이다.

그동안 나를 포함하여 많은 사람이 1987년 이후 한국 민주주의의 성과와 한계 그리고 실천 과제에 대해 말해 왔다. 하지만 한국의 민주주의가 위기에 처했다는 자각은 이전에도 없지는 않았으나,❹ 그 위기의식이 광범위하게 확산된 것은 비교적 최근의 일이라고 말할 수 있다. 정확하게 말하자면, 그 까닭은 문재인 정부에서 윤석열 정부로 정권이 교체되고 이후 새 정부에서 일어나는 많은 일을 목격하면서 위기의식이 증폭되었기 때문이라고 보아야 할 것이다.

그러나 여기서는 이 위기를 현실 정치적 맥락에서 고찰하지는 않으려 한다. 아마도 그것은 철학자보다는 사회과학자가 더 잘할 수 있는 일일 것이기 때문이다. 그 대신 나는 이 현실적 위기의 근저에 놓여 있는 어떤 정신적 상황을 드러내려 한다.

비판과 형성 사이에서

타자의 비판이 한갓 타자의 부정에 머물러 적극적 자기 형성으로 나아가지 못했다는 것이야말로 현재 한국 민주주의의 위기의 본질인 것이다.

한국 민주주의의 위기가 어디에 그 근원을 두고 있는지를 진단하기 위해서는 한국의 민주화 역사를 돌아보아야 한다. 해방 공간에서 온전한 독립 국가 건설을 위한 투쟁은 논외로 하고 좁은 의미에서 민주주의를 위한 투쟁의 역사만 놓고 본다면, 그 역사는 비판과 타도의 역사였다고 말할 수 있다. 통치 권력을 비판하고 해체하는 것, 그것이 민주화 운동의 가장 중요한 실천 과제였다. 1960년 4월혁명을 통한 이승만 독재 권력 타도, 1979년 부마민주항쟁을 통한 유신 독재의 종식, 1987년 6월항쟁을 통한 전두환 독재 정권의 붕괴 그리고 최근 촛불혁명을 통한 박근혜 탄핵에 이르기까지, 한국 민주화 운동의 역사는 현존하는 권력에 대한 비판과 부정의 역사였다.

부정과 타도가 역사의 진보를 의미할 수 있다면, 한국의 민주화 운동의 역사는 다른 어떤 나라에서도 찾아보기 어려운 성공적인 진보의 역사였다고 말할 수 있을 것이다. 왜냐하면 시민들의 집단적 저항을 통해 기존 권력이 그렇게 반복적으로 해체된 역사는 다른 어떤 나라에서도 찾아보기 어렵기 때문이다. 이런 점에서 보자면 한국 현대 민주화의 역사는 세계사적으로도 독보적 의미를 지니고 있다고 말해야 할 것이다. 그리고 그 과정에서 한국 사회가 비단 정치적 영역에서만이 아니라 사회의 여러 분야에서 괄목할 만한 진보를 이루었다는 것은 누구도 부정할 수 없는 사실이다.❶ 하지만 이런 진보에도 불구하고 한국의 민주주의가 위기에 처해 있다면, 어떤 의미에서 그러한가? 그리고 그 위기의 본질은 무엇인가?

정치는 너와 내가 만나 우리가 되는 행위이다. 이처럼 하나의 주체와 다른 주체가 만남 속에서 보다 높은 하나의 주체를 형성하는 것을 '서로주체성'❷이라 하거니와, 정치가 너와 내가 만나 우리를 이루는 행위인 한에서, 모든 정치체 political body 는 서로주체성의 현실태이다. 이런 관점에서 보자면 민주주의는 서로주체성의 형성 원리이다. 그것은 타자적 주체에 대한 존중에서 시작된다. 이 존중 위에서 각자는 하나의 주체로 정립된다. 상대방에 대한 존중이야말로 모든 참된 만남의 전제이거니와, 서로 다른 주체들의 차이와 타자성이 '보다 높은 하나'로❸ 나아가는 과정이 민주주의이다. 그 '보다 높은 하나' 속에서 너와 나의 타자성은 지양되고 개별적 주체는 '우리'라는 서로주체로 고양된다. 그렇게 우리가 된 공동체가 나라이다. 한국의 민주주의가 위기 상황에 처했다는 것은 그것이 서로주체성의 형성에 실패했다는 것, 너와 내가 우리로 고양되지 못했다는 것, 아니 더 정확하게는, 너와 내가 적대적 분열로 치닫고 있다는 것, 그리하여 최종적으로 하나의 국가를 형성하는 데 실패했다는 것을 의미한다.

너와 내가 우리가 된다는 것, 이것은 두 가지 길을 통해 일어난다. 한편에서 모든 주체는 타자를 부정함으로써 자기가 되고 주체가 된다. 이것은 홀로주체성의 경우든, 서로주체성의 경우든 마찬가지이다. 우리가 남이 아닌 우리가 되는 것은 우리가 남을 우리 아닌 타자로 부정하기 때문이다. '나는 남이 아닌 나다', 그리고 '우리는 저들이 아닌 우리다'라는 의식이야말로 주체의 자기의식의 시원이다.

한국의 독재 권력이 몰락한 것은, 그것이 때마다 점점 더 많은 시민을 적으로 돌림으로써 압도적인 다수의 시민을 하나로 묶어 주었기 때문이다. 권력은 집중되고 독점되면 될수록 더 많은 사람을 권력으로부터 소외시킨다. 이 소외는 무관심한 타자성이 아니다. 독재 권력으로부터 소외된다는 것은 침범당하고 박해받는다는 것을 의미한다. 그리하여 집중되고 독점된 권력은 반드시 압도적 다수를 적으로 만든다. 이런 의미에서 한국 현대사에서 반복된 항쟁과 성공적인 정권 타도의 역사는 권력이 절대다수 시민을 소외시키고 적으로 만든 데서 기인한 당연하고도 자연스러운 결과이다. 그리고 아마도, 아니 틀림없이 지금의 윤석열 정부 역시 과거 독재 정권이 밟았던 길을 걸을 것이다. 서울법대와 검찰에 집중되고 독점된 권력은 같은 보수 세력 내에서도 갈수록 더 많은 사람을 적으로 돌릴 것이다. 그러면 어제까지 남이었던 사람들이 더불어 같이 배제된 자리에서 '우리'가 되기 시작할 것이다. 그리고 서울법대-검찰 권력을 적대시하게 될 것이다. 누가 알겠는가? 어쩌면 박근혜처럼 윤석열도 임기를 마치지 못하고 그 자리에서 내려오게 될지. 하지만 박근혜 탄핵이 문재인 정부를 거치면서 어떻게 변질되고 급기야 가장 추악한 방식으로 반전되는가를 이미 경험한 지금, 비슷한 일이 두 번 반복된다고 해서, 그것이 지금 우리에게 어떤 위로나 희망이 되겠는가?

주체의 자기 형성이 한갓 타자의 부정으로 이루어질 때, 사실 그 주체는 명목상의 주체일 뿐, 실질적 주체가 되지 못한다. 왜냐하면 규정이 부정이라 해서, 부정이 규정이 되는 것은 아니기 때문이다. 수박이 무엇이냐는 물음에 대해, 그것은 책도 아니고, 우산도 아니다라는 것이 대답이 되지 못하듯, X는 a도 아니고, b도 아니고, c도 아니라고 끝없이 부정한다고 해서, 우리가 X가 무엇인지 알게 되는 것은 아니다. 이런 사정은 주체의 경우에도 마찬가지여서, 나는 아닌-나가 아니라고 타자를 부정함으로써만 정립되는 주체는 어떤 식으로도 규정되지 못한 공허한 장소에 지나지 않는다. 그러므로 주체가 온전한 의미에서 자기를 주체로 정립하기 위해서는 단지 타자를 부정하는 것이 아니라 자기 자신을 적극적으로 형성해야 한다. 이것이 너와 내가 우리가 되는 또 하나의 길이다. 주체성은 바로 그 능동적 자기 형성 활동에 존립한다. 이런 사정은 개인으로서의 내가 주체가 되는 경우든, 집단으로서의 우리가 주체가 되는 경우든 마찬가지이다. 어떤 경우든 주체성은 적극적인 자기 형성의 활동에 존립하는 것이다.

민주주의의 진보가 시민적 서로주체성의 형성에 존립하는 것이라면, 민주주의의 위기는 이 자기 형성의 좌절과 실패를 의미한다. 타자의 비판이 한갓 타자의 부정에 머물러 적극적 자기 형성으로 나아가지 못했다는 것이야말로 현재 한국 민주주의의 위기의 본질인 것이다. 이 자기 형성을 통한 서로주체성의 실현이 좌절되었기 때문에, 공동의 적을 통해 결속된 우리는 그 적이 사라지는 순간 다시 남남으로 흩어지고, 지배 권력은 그렇게 원자화된 시민을 끊임없이 상호 경쟁으로 내몲으로써 자신의 지배 권력을 공고히 할 수 있다. 그리하여 멀리는 1987년 이후, 그리고 가까이는 촛불혁명 이후 제도적 민주주의의 정착과 함께 타도해야 할 독재자라는 공동의 적도 사라졌으니, 그것은 시민적 서로주체성을 와해시켜 도리어 지배 권력이 더 공고해지는 결과를 낳았다고 말할 수 있다. 생각하면 이것이 1987년 이후 촛불혁명이 발발하기 전까지, 지난날과 같은 봉기가 그렇게 오랫동안 한국 사회에 일어나지 않았던 이유이다. 하지만 다시 그런 봉기가 일어난다 한들, 그것이 단지 독재적인 통치 권력에 대한 부정과 반발에서 촉발된 것이라면, 결국 한국의 민주주의는 매번 유사한 방식으로 봉기하고 적대적 권력을 타도할 수는 있겠지만, 결코 온전한 의미에서 '우리 모두'의 나라를 형성하지는 못할 것이다.

정치 민주화와 경제 민주화 사이에서

그리하여 경제의 공공성을 확립하기 위해서는 정치 민주화에 이어 반드시 경제 민주화가 실현되어야 한다.

그러므로 문제는 비판이 아니라 형성이다.❶ 낡은 것을 파괴하는 것이 아무리 어려운 일이라 하더라도 새로운 것을 형성하는 데 비하면 쉽다. 한국 민주화의 역사는 불의한 국가 권력을 파괴해 온 역사이다. 그러나 불의한 권력을 타도한 용기와 열정에 비하면 새로운 나라를 형성하는 데 필요한 지혜는 모자랐던 것이, 부인할 수 없는 사실이다. 집을 파괴하기 위해서는 망치만 있으면 된다. 그러나 새 집을 짓기 위해서는 설계도가 있어야 한다. 파괴하기 위해서는 파괴하려는 의지만 있으면 된다. 그러나 건설은 파괴와는 전혀 다른 지혜를 요구한다. 이 점에서 우리는 그다지 성공적이었다고 말하기 어렵다.

새로운 나라를 세우는 것, 그것은 집단적 자기 형성의 문제이다. 능동적 자기 형성은, 우선 집단적 의지에 의해 추동된다. 그 의지를 이끄는 것이 집단적 욕구와 동경이다. 개인적 주체가 아니라 집단적 주체가 문제일 때, 의지를 이끄는 욕구는 보편적 선의 이념 또는 보편적 가치의 형태로 나타난다. 현실의 국가는 그 보편적 가치의 현실태이다. 반대로 말하자면, 보편적 선의 이념이나 가치가 없을 때, 국가는 통치 기구일 수는 있으나, 참된 의미의 정치체로서 존재한다고 말할 수 없다. 그리고 이처럼 자신의 본래성으로부터 멀어질 때, 다른 모든 경우와 마찬가지로 국가 역시 부패와 몰락의 길을 걷게 된다. 현재 한국 민주주의의 위기는 한국 시민들이 더불어 추구하는 보편적 가치가 존재하지 않기 때문이다. 더불어 이루어야 할 목표가 존재하지 않을 때, 정치는 맹목적 권력 투쟁으로 치닫게 되고, 이 권력 투쟁이 국가의 해체를 추동한다.

이런 위기에 처하지 않으려면, 지금까지 한국의 민주주의를 추동해 왔던 이른바 진보 세력이 민주화 이후에 한국 사회가 나아가야 할 방향을 제시하고 그것을 향해 시민의 일반 의지를 결집했어야만 했다. 그러나 이 점에서 한국의 민주화 세력은 실패했다. 물론 새로운 나라 형성을 위한 다양한 제안이 없었던 것은 아니다.❷ 현실적으로도 1987년 이후 한국 사회가 많은 면에서 발전하고 진보했다는 것을 부정할 수는 없다. 정치의 민주화는 사회의 다른 부분에서도 민주주의를 확산시켰다. 그리고 2000년 국민건강보험공단의 설립 이후 오늘까지 이어지는 보편적 의료 보험 제도로 대표되는 다양한 사회 보장 제도의 도입 역시 민주화와 함께 진행된 성과라고 보아야 할 것이다. 더 나아가 김대중 정부 이래 문화 산업 및 정보 통신 관련 산업의 발전도 박정희 시대의 중공업의 발전에 대비해, 민주화가 가져다준 선물이라고 말할 수도 있을 것이다.

하지만 이 모든 것을 인정한다 하더라도 한국의 민주화 세력은 한 가지 결정적인 지점에서 국가 형성에 실패했다고 말하지 않을 수 없다. 그것은 절차적 민주주의의 확립에서 공화국의 형성으로 나아가지 못했다는 것이다. 대한민국은 민주 공화국이다. 그런데 민주 국가와 공화국은 다르다. 민주 국가가 의사 결정의 형식에 있어서 시민 주권을 의미한다면, 공화국은 그 국가가 공공선, 또는 더 쉽게 말하자면 모두의 이익을 추구한다는 것을 의미한다.❸ 민주 국가가 모두에 의한 국가라면, 공화국은 모두를 위한 국가이다. 아무리 국가가 모두의 뜻에 따라 운영되는 형태를 띠고 있다 할지라도, 그것이 모두를 위하여 운영되지 않는다면, 민주주의는 한갓 형식에 지나지 않는다. 모든 형식은 실질과 부합할 때, 온전한 것일 수 있다. 민주주의와 공화국의 관계에서도 마찬가지이다. 민주주의라는 형식이 공화국이라는 실질과 결합되지 않는다면, 형식적 민주주의는 시민적 삶의 온전함을 담보할 수 없다. 이처럼 시민적 삶의 온전함을 담보하지 못할 때, 민주주의라는 형식 자체가 위기에 처하는 것은 당연한 이치이다. 그리고 이것이 오늘 우리가 처한 상황이기도 하다.

그런데 공화국이 모두의 이익을 위한 국가라면, 그것은 다른 무엇보다 경제의 공공성에 존립한다고 말할 수 있다. 왜냐하면 국가가 모두의 이익을 추구한다고 할 때, 그 이익이란 다른 무엇보다 경제적 이익이기 때문이다. 그리하여 민주주의가 정치적 권리의 동등권에 존립한다면, 공화국은 경제적 이익의 공공적 향유에 존립한다고 말할 수 있다. 간단히 말해 경제의 공공성을 확립하는 것이야말로 공화국의 요체이다.

그런데 경제의 공공성이란 경제 권력의 공공성, 즉 경제 권력의 민주화와 떼려야 뗄 수 없는 관계에 있다. 그리하여 경제의 공공성을 확립하기 위해서는 정치 민주화에 이어 반드시 경제 민주화가 실현되어야 한다. 하지만 이 나라에서는 경제 발전에만 골몰할 뿐, 학자도, 정치인도, 시민도 경제의 공공성이나 민주화에 대해서는 거의 아무런 관심이 없다.

그러나 근대적 국민 국가 형성의 역사를 돌아보면, 17-18세기 이른바 시민혁명 시대에 가장 중요한 국가적 과제가 정치 권력의 민주화였다면, 19세기 이후 가장 중요한 과제는 경제 권력의 민주화였다. 이 과제가 중요했던 까닭은 단지 노동자를 자본의 억압에서부터 해방한다는 대의 때문만은 아니었다. 더 본질적인 이유는 독일의 경제학자 발터 오이켄Walter Eucken이 지적했듯이❹ 경제 권력이 민주적 통제 아래 있지 않을 경우, 그것은 반드시 개인의 자유뿐만 아니라 국가의 법질서를 침범하기 때문이다. 시장에서 경쟁하는 자본은 자연스럽게 독점을 추구하게 되는데, 자본 권력이 시장에서 독점적 지위를 차지하면, 그것은 단순히 경제 영역에서만이 아니라 전체 국가 공동체 내에서 다른 영역에까지 그 권력을 확장한다. 쉽게 말해 한국의 재벌 기업에서 우리가 확인할 수 있는 것처럼, 경제 권력이 압도적 자본을 무기로 행정 관료와 법조계는 물론 의회 권력까지도 매수하여 조종한다. 또한, 언론계를 완전히 장악하여 시민들의 눈을 멀게 하고, 더 나아가 학문과 예술까지도 자기들의 이익을 위해 배후에서 조종한다. 그 결과 자본 권력이, 시민의 자유를 위협하는 또 다른 사적 권력으로 등장하는 것이다. 이런 까닭에 시민적 자유와 국가의 주권을 온전히 지키기 위해서는 자본 권력 또는 경제 권력을 어떤 방식으로든 민주적 통제 아래 두는 것이 필수적인 과제가 되었다.

이 문제는 19세기에는 이론적 차원 또는 사회 운동적 차원에서 논의되기 시작하였으나, 20세기에 들어 러시아 혁명과 소비에트 연방의 수립과 함께 유럽에서는 가장 중요한 현실적 정책 과제가 되었다. 그리하여 특히 두 번의 세계 대전이 끝난 뒤, 유럽의 여러 나라는 자기 나름의 방식으로 경제 권력을 민주화해서, 그것이 공공적으로 작동하도록 제도적 장치를 마련해 나갔는데, 우리는 그 가운데 두드러진 두 유형으로 영국의 기간산업基幹産業 국유화 모델과 독일의 노사 공동 결정 제도를 말할 수 있다.

영국에서는 1918년 노동당이 사회주의 강령을 채택하면서 제4조에 생산 수단의 국유화를 명시함으로써, 경제 권력의 민주화를 위한 하나의 이정표를 제시했다. 이후 이 정책은 2차 세계 대전 당시 구성된 전시 연합 내각에서 큰 반대 없이 계승되어 일종의 사회적 합의로 정착되었다. 전쟁이 끝난 후 영국 노동당은 1945년 선거에서 처음으로 단독 집권에 성공했는데, 그 후 기간산업의 국유화 정책을 실행에 옮겨 영국은행을 비롯하여 탄광, 철강, 전기, 가스, 철도 같은 주요 운수 산업 등을 국유화했다.❺

그러나 같은 시기에, 독일은 영국과 달리 기업의 소유권이 아니라 경영권을 자본과 노동이 나누어 가지는 방식으로 경제 권력의 민주화를 추구했다. 즉, 노동자 대표가 기업의 최고 의결 기구인 감독 이사회에 주주 대표와 동등한 권한을 가지고 참여하고, 사업장에서는 "사업장 조직법"Betriebsverfassungsrecht이라는 또 다른 법률적 규정을 통해 현장에서 일어나는 많은 사안에 대해 공동 결정권을 행사함으로써 노동자가 기업의 임금 노예가 아니라 기업의 시민으로 활동할 수 있도록 한 것이다.❻

그러나 한국의 경우 정치의 민주화 이후 경제 권력을 민주화해야 한다는 것은 진보 진영 내에서 진지하게 논의된 적이 없다. 물론 87년 헌법 119조 2항은 "국가는 균형 있는 국민 경제의 성장 및 안정과 적정한 소득의 분배를 유지하고, 시장의 지배와 경제력의 남용을 방지하며, 경제 주체 간의 조화를 통한 경제의 민주화를 위하여 경제에 관한 규제와 조정을 할 수 있다"라고 명시한다. 그러나 이런 헌법적 규정은 그 이후 실질적인 법률적 규정으로 이어지지 않았고, 그 결과 경제의 민주화란 아무런 내용 없는 구두선으로 남았다.❼

그 후 '경제 민주화'라는 구호는 18대 대통령 선거에서 박근혜 후보의 선거 공약으로 다시 등장하였으나 대선 후 폐기 처분되었다. 이 구호를 널리 퍼뜨린 김종인은 『지금 왜 경제민주화인가』동화문화사에서 나름대로 진지하게 이 주제를 다루었으나, 너무 많은 말을 함으로써 아무 말도 하지 않는 것과 마찬가지가 되었다. 특히 그는 "출자 제한보다 기업 지배 구조 개선해야"라는 소제목 아래 몇 페이지를 할애하여 일본의 재벌 해체와 독일의 노사 공동 결정 제도를 언급했으나, 독일의 노사 공동 결정 제도에 대한 부분은 기본적 사실 관계에서부터 틀린 서술인 데다가 그마저도 너무 소략하여 독일의 노사 공동 결정 제도를 모르는 일반 독자가 읽으면 저자가 말하는 것이 구체적으로 어떤 것인지 전혀 알 수 없게 쓰여 있다.❽ 더 나아가 소제목에서는 기업 지배 구조 개선이 중요하다고 말하면서도 구체적으로 기업 지배 구조를 어떻게 바꾸자는 것인지 아무것도 제안하지 않았다. 그는 박근혜 정부 출범 직전에 이 책을 출판했지만, 박근혜 정부는 이 문제에 대해 아무런 관심도 없었고 경제 민주화 역시 더는 주요한 정책으로 추진되지 않았다.

김종인이 경제 민주화를 말하기 전에 나는 『기업은 누구의 것인가』꾸리에라는 책에서 집중적으로 기업 지배 구조를 분석하고 노동자 경영권의 정당성을 이론적으로 논증했다.❾ 나는 주식회사는 법인 기업인 까닭에 다른 모든 법인이 그렇듯이, 소유의 주체는 될 수 있어도 객체는 될 수 없다는 법리에 입각하여, 주식회사의 경영권이 개인의 소유물이 될 수 없음을 밝혔다. 더 나아가 주식회사의 소유와 경영의 분리 원칙에 따라 법리적으로는 주주들 역시 주식회사의 소유권을 가지고 있다고 말할 수 없다는 사실도 상기시켰다. 그러므로 총수 개인도, 주주 집단도 주식회사의 주인 owner 이라고 말할 수는 없다. 주식회사는 법인으로서 자기가 자기의 주인이다.❿

그러나 법인은 자연인과 달리 진짜 인격체가 아니라, 단지 법적으로 의제된 인격, 즉 인격이라고 인정된 단체이므로, 주식회사 법인이 그 자체로 인격적 주체로서 상행위를 할 수는 없다. 그러므로 자연인인 누군가가 그것을 대신해 주어야 한다. 그 대리인이 이사회이다. 그런데 주식회사는 소유의 대상이 아니므로 누구도 주식회사의 주인이라고 나설 권리를 가진 사람은 없다. 누구든 주식회사를 가장 합목적적으로 운영할 사람을 이사진에 선임하도록 제도화하는 것이 법률의 과제가 된다. 이 과제 앞에서 미국은 법적으로 주주에게 이사 선임 권한을 부여하여 실질적으로는 전문 경영인에 의해 기업이 운영되는 체제를 만들었다. 그러나 전문 경영인이 언제나 기업의 이익을 충실히 보살피리라는 보장이 없으므로, 미국의 경우 이른바 '대리인 비용' agent cost 의 문제를 해결하는 것이 기업 지배 구조의 문제에서 실질적으로 가장 중요한 과제로 대두되었는데, 미국은 다른 무엇보다 경영진의 배임 행위를 형법으로 엄격하게 처벌함으로써 이 문제를 해결하는 길을 선택했다.

이에 반해 독일의 경우에는 법인 기업의 이사회를 주주 대표와 노동자 대표가 더불어 구성하도록 법제화했다. 경영진을 임명하고 해임하는 권한을 지닌 최고 의결 기구인 감독 이사회에 노동자 대표가 참여하도록 한 것이다. 500명 이상 2,000명 미만의 기업은 이사진의 3분의 1을, 2,000명 이상 법인 기업은 2분의 1을 종업원 대표로 선임한다. 이외에도 독일은 사업장 조직법을 통해 작업 현장의 의사 결정을 여러 단계에 걸쳐 노사가 공동으로 결정하도록 법으로 규정한다. 이처럼 독일 기업은 법적으로 노사가 공동의 권한과 책임을 나누어 맡는 방식으로 경영하는 까닭에 기본적으로 노사 갈등이라는 사회적 비용을 지불하지 않고 산업 평화를 유지할 수 있었으며, 그 바탕 위에서 지금까지 견실한 경제를 유지할 수 있었다.

나는 이외에도 일본의 재벌 해체 역사를 소개한 다음, 이런 다양한 사례에 비추어 노동자들이 경영권을 가지는 것이 결코 주식회사의 법리에 어긋나는 일이 아님을 그 책에서 밝혔다. 자본이 주식회사의 실체라면 노동은 주식회사 법인격의 주체이다. 기업 활동이란 실체적 토대가 아니고 주체적 행위에 속하는 것이다. 아무리 많은 자본이 실체로서 쌓여 있다 하더라도 주체적 활동이 일어나지 않는다면, 그런 자본 실체는 죽은 시체와도 같다. 그러므로 기업을 살아 있는 법적 인격체, 곧 활동하는 주체로 만들어 주는 것은 자본이 아닌 노동이다. 왜냐하면 노동이 활동이며, 또한 그 활동이 주체이기 때문이다. 그러므로 원칙적으로 볼 때, 법인 기업의 경영권은 실체가 아닌 주체로서의 노동에 귀속되는 것이 옳다.

돌이켜 보면 그 책에서 내가 말한 것은 마르크스의 주식회사론에서 선구적으로 파악된 통찰이기도 하다. 마르크스는 주식회사 법인격의 본질을 정확하게 이해하고 있었으며 그에 근거하여 이 새로운 기업의 형태가 자본주의적 생산 양식 속에서 실현된 생산 수단의 사회화라는 것을 정확하게 파악하고 있었다. 원칙적으로 주주들은 자본의 소유자들이지만 그들이 소유한 주식은 투자 가치를 가질 뿐, 경영에 직접 관여할 권리와는 아무런 상관도 없다. 따라서 누구도 주식회사 그 자체의 주인은 아니므로, 그 소유가 이미 사회화된 생산 수단이라고 말할 수 있다. 이런 주식회사 내에서는 경영자 역시 노동자와 마찬가지로 노동의 사회적 분업의 한 부분을 차지할 뿐이다. 이런 의미에서 마르크스는 주식회사가 "자본이 생산자 소유로 재전화하기 위한 필연적 통과점"이라고 주장했다.⓫

나의 주장은 몇몇 학자의 관심을 받기는 하였으나,⓬ 정치적 공론장에서는 아무런 반향도 불러오지 않았다. 그러나 노동자가 법인 기업의 이사회에 들어가 경영에 참여해야 한다는 기본적 관념은 윤장현 광주광역시장이 추진했던 초기 광주형 일자리 사업에 반영되었으며, 나중에는 박원순 서울특별시장 재임 당시 서울시에서 조례가 마련되어 시작된 공공 부문에서의 노동 이사 제도의 도입과 다른 지자체로의 확산에 어느 정도 반영되었다고 말할 수 있다. 그럼에도 불구하고 노동자의 경영 참여를 통한 기업 지배 구조의 민주화 그리고 이를 통해 노동자를 기업의 임금 노예가 아니라 자본과 동등권을 가진 기업의 시민으로 대접하려는 시도는 한국의 정치권에서는 보편적이고 지속적인 의제로서 논의되지는 않은 채 있다.

생각하면 노동자 대표가 기업의 이사회에 참여한다는 것, 또는 이사진의 일부를 선임할 권한을 해당 기업의 종업원에게 부여한다는 것은 다른 무엇보다 노동조합의 존재 방식의 변화를 어떤 식으로든 수반할 것이므로 간단한 문제는 아니다. 그럼에도 불구하고 현행 회사법의 범위 내에서 사외 이사 추천권을 종업원에게 주도록 법을 개정할 수 있다면, 현행 기업 지배 구조에 특별히 충격적인 변화를 주지 않고서도 기업 내에서 노동자의 지위를 획기적으로 개선할 수 있을 것이다.❸

경제 민주화와 관련하여 노동자의 경영 참여 문제만큼 중요한 의제이면서 한국 사회에서 어느 정도 공론화되었음에도 불구하고 정치적 동력을 받지 못해 지지부진한 상태에 있는 또 다른 의제가 기본 소득 제도이다. 이 주제는 고故 김종철 교수나 강남훈 교수 등에 의해 한국 사회에서 선구적으로 제안된 것을 이재명 의원이 경기도지사 시절부터 적극적으로 주창하고 정책에 반영하여 부분적으로나마 실제로 적용하기도 하였던 정책이다.

기본 소득 제도는 종종 국가가 무상으로 국민에게 돈을 주는 정책으로만 이해되곤 한다. 이렇게 이해하게 되면 두 가지 반론이 즉각 뒤따른다. 하나는 재원을 어떻게 마련하느냐 하는 것이고, 다른 하나는 노동하는 사람들이 만들어 낸 재화를 노동하지 않는 사람에게 일종의 불로 소득으로서 무상으로 제공하는 것이 윤리적으로 옳으냐는 물음이다. 사실 이 문제에 관해서는 기본 소득을 주장하는 사람들이 명확한 입장을 제시하지 못함으로써 불필요한 논란을 키운 측면이 있다.

그러나 기본 소득 제도의 의미는 일하는 사람들이 축적한 재화를 놀고먹는 건달들에게 거저 주는 데 있는 것이 아니다. 모든 시민에게 많든 적든 일정한 금액의 화폐를—지역 화폐일 수도 있다—무상으로 지급하자는 이 제도의 가장 큰 장점은 그렇게 지급되는 금액만큼, 개인에게 노동하지 않고 살 수 있는 시간이 확보된다는 데 있다. 물론 1년에 한 달 노동하지 않고 살 수 있다고 해서 나머지 열한 달까지도 노동하지 않고 살 수는 없다. 그럼에도 불구하고 단 한 달이라도 노동하지 않고 살 수 있는 여지가 확보된다는 것은 적어도 그 정도만큼은 인간에 대한 자본의 지배권이 무효가 된다는 것을 의미한다. 이것이 인간에 대한 자본의 지배를 완전히 제거할 수 없음은 당연하지만, 그럼에도 불구하고 한 달 또는 두세 달 노동하지 않고 생활할 수 있는 여지가 생길 때, 인간과 자본의 관계는 결코 일방적 착취 관계가 될 수는 없을 것이다. 기본 소득 제도의 의미는 모든 사람이 놀고먹는 사회를 만드는 데 있는 것이 아니다. 그 의미는 자본의 전면적 지배로부터 인간의 존엄을 지키고 인간과 자본의 전도된 관계를 바로잡아 자본이 인간을 지배하는 것이 아니라, 자본이 인간성의 실현을 위한 도구로서 기능하게 하는 사회를 만드는 길에 결정적 디딤돌이 되는 데 있다.

노동자의 경영 참여나 기본 소득 제도에 대한 그동안의 사정을 돌아보면, 이론이나 실천의 관점에서 새로운 형성을 위한 시도가 전혀 없었던 것은 아니라고 말해야 할 것이다. 그러나 그것이 학계와 시민 사회 그리고 정치권의 유기적인 협력을 통해 공론장에서 보편적 의제가 되지도 못했고 현실 정당 정치를 통해 입법 절차를 거쳐 제도화되지도 못한 것은 부인할 수 없는 한계이다. 이재명 의원의 기본 소득 제도가 그나마 가장 성공적으로 정치권에서 공론화되었다고 평가할 수 있지만, 그가 더불어민주당 대표가 된 뒤에는 도리어 잊힌 것처럼 더는 논의되지 않는 듯하다.

한국의 진보 정치권은 이런 의제를 발전시켜 새로운 사회의 전망을 제시하고 그것을 통해 시민의 일반 의지를 하나로 수렴해 내려는 노력보다는 안팎으로 적대적 대립에 기대어 타자를 부정하고 타도함으로써 권력을 쟁취하려는 시도에 몰입하고 있다. 그 결과 한국인은 250년 전에 루소가 『사회계약론』에서 영국인들을 두고 야유했듯이, ⓮ 투표장에서만 자유 시민일 뿐, 일상의 삶에서는 임금 노예 상태를 벗어나지 못한다. 민주주의가 투표할 권리 이외에 아무것도 아닌 것이 된 지금, 그런 민주주의가 위기에 처하는 것은 조금도 이상한 일이 아니다.

교육의 실패와 정신의 빈곤

배움이 출세를 위한 도구가 되고
공부가 한갓 더 좋은 성적을 얻기 위한 목적 이외에
다른 목적을 갖지 않는 곳에서는,
가장 먼저 질식되는 것이 이성의 능력이다.

이런 위기의 책임이 정치인에게만 있는 것은 아니다. 정치인들의 무능은 한국인 전체의 무능의 반영일 뿐이다. 그 무능의 본질은 무지와 무사유이다. 한국 민주주의의 위기는 우리들 자신의 정신적 빈곤에서 비롯된다. 돌아보면 한국의 민중 항쟁사는 한편에서는 대중의 정치적 참여에 의해 추동되었지만, 다른 한편에서는 내적 성숙을 통해 발전해 왔다. 그런데 외적 참여와 내적 성숙은 서로 공속共屬한다. 현실의 모순에 대한 자각이 그 모순을 이해하고 극복하기 위한 이론에 대한 관심으로 이어지고 그런 관심이 다시 현실에 대한 관심으로 발전하는 것이다. 이것이 이 나라 민중 항쟁사의 운동 원리였다. 이런 점에서 보자면 부마민주항쟁이 일어나기 직전 부산과 마산에서 양서 조합 운동이 일어난 것은 우연이 아니다.❶

그러나 1987년 이후 이른바 절차적 민주주의가 정착된 뒤, 이 전통은 거의 단절되었다. 지난날 대학 사회에서 일반적으로 확인할 수 있었던, 실천적 관심에서 시작되는 의식화와 자기 교육 그리고 그런 자기 교육과 자기 계몽을 통한 새로운 실천이라는 선순환의 연결 고리는 언제부터인가 찾아볼 수 없게 되었다. 더는 타도해야 할 정치적 적이 존재하지 않게 된 뒤에 보편적 고통에 대한 예민한 감수성은 자신의 개인적 고통에 대한 염려로 바뀌었다. 1980년대의 금욕적 운동권 문화에 대한 반동으로, 온갖 욕망의 철학이 흥청망청하던 1990년대 말 들이닥친, 이른바 IMF 금융 위기 이후

이 땅의 젊은이들은 사회를 염려하는 예비 지성인이 아니라 자신의 미래에 대한 염려에 사로잡힌, 생존의 노예로 전락해 갔다.

감성이 개별성의 장소라면, 이성은 보편성의 장소이다. 한국인들의 전반적 무사유는, 자기 개인의 이해관계에 사로잡힌 감성적 사유에서 보편적 가치 판단으로 나아가지 못한다는 것을 의미한다. 그런데 한국의 학벌 체제와 그에 따른 입시 교육은 이런 무사유를 일종의 지속적 사고방식으로 만들었다. 돌아보면 한국의 민중 운동에는 학생 운동이 언제나 중심에 있었고, 1960년 4월혁명 시기만 하더라도 그 중심에는 고등학생들이 있었다. 당시 시위에 참여했다 사망한 사람들 가운데는 심지어 초등학생과 중학생도 10분의 1이나 되었다.❷ 그러나 그 이후 점점 더 격화되어 온 입시 교육과 학벌 경쟁은 중·고등학생들을 창살 없는 감옥에 유폐시켰으며, 타인과 사회에 대해 관심을 가지는 것을 지속적으로 방해했다. 교육이 건강한 시민을 육성하는 과정이 아니라, 미리 앞당겨진 생존 경쟁의 장이 되고, 더 나아가 학생들이 인류의 모든 고상한 지적 성취를 단지 시험 성적을 높이고 경쟁에서 승리하기 위해 배우는 현실에서, 이런 교육이 보편적 진리에 대한 진지한 열정을 가진 정신을 배양하기를 기대하기는 어려운 일이다.

이런 교육의 실패가 초래하는 가장 큰 문제는 일관성의 부재이다. 진리에 대한 사랑이 아니라, 오직 시험 경쟁에서의 승리를 위해서만 배움을 추구하는 것이 한 사회 속에서 전반적인 습속으로 굳어지면, 우리는 일관되게 사유하는 사람을 어디서도 만나기 어려워진다. 일관성이란 진리의 형식적 기준이다. 모든 사유의 첫 번째 원리는 자기 동일성이다. 어제의 나와 오늘의 내가 같은 나라는 의식이 없는 곳에서는 생각이 일어날 수 없다. 물론 이 동일한 자기에 대한 의식은 그 자체로서는 공허한 자아의 장소에 지나지 않는다. 이 의식의 장소가 구체적 내용으로 채워짐으로써 인간은 비로소 생각하는 존재가 된다. 그 사유의 내용이 서로 모순을 일으키거나 충돌하지 않을 때, 그 일관성이 한 인간의 정체성 identity이 된다. 칸트에 따르면 이처럼 상이한 의식의 내용들을 서로 일관된 정합성 속에서 통일하는 능력이 바로 이성이다. 개별적 사태에 대한 판단은 지성의 일이지만, 그 판단들을 이어서 추론하는 것은 이성의 능력이기 때문이다. 이성은 개별적 판단과 인식을 확장하여 하나의 일관성 속에서 전체에 대한 인식을 추구하는 능력인 것이다.

그런데 배움이 출세를 위한 도구가 되고 공부가 한갓 더 좋은 성적을 얻기 위한 목적 이외에 다른 목적을 갖지 않는 곳에서는, 가장 먼저 질식되는 것이 이성의 능력이다. 왜냐하면 개별적 사태에 대한 다양한 판단과 인식에서 그치지 않고, 그것들을 통합하여 전체를 인식하고 통찰하려는 노력은 시험을 위한 공부에 길들여진 정신에는 불필요한 노동이기 때문이다. 한동안 객관식 시험의 폐

해를 개선하기 위해 이른바 통합 교과적인 출제가 유행한 적이 있었지만, 아무리 시험 방식을 바꾼다고 할지라도, 한국의 입시는 결과적으로 학생들을 줄 세우기 위해 시행되는 까닭에, 문제가 복잡해질수록 부모에게는 사교육비를 더 부담하게 만들고, 학생에게는 통합적으로 사유하는 것을 도리어 혐오하게 만든다. 이런 방식으로는, 진정한 의미에서 부분으로부터 전체를 향해 나아가는 인식을 추동할 수 없다. 모든 물음은 현실의 문제에 대한 관심에서 시작될 때, 지속적 동기를 부여받는다. 현실의 문제는 현실의 고통이다. 전체를 두고 질문하는 것은 전체의 고통이 나에게도 고통이 되기 때문이다. 이런 의미에서 나와 세계를 하나로 이어 주는 것은 세상의 고통이다. 내가 세상의 고통에 같이 아파할 때, 나는 전체의 부분에 지나지 않음에도 불구하고, 마치 내가 전체인 것처럼, 전체의 문제를 치열하게 생각하게 된다. 그러나 개별적 이기심에 함몰된 정신이 입에 올리는 전체는 개별적 이익에 도구적으로 쓸모가 있는 한에서 동원되는 수사적 근거 이상의 의미를 가질 수는 없다.

그리하여 세계 전체에 대한 일관된 관점을 내면화하여 그 세계관에 따라 일관되게 행위하는 사람을 만나는 것은 오늘날 한국 사회에서 점점 더 어려운 일이 되었다. 오늘날 우리는 보수 진보 가릴 것 없이 일관된 정치인을 점점 더 만나기 어렵다. 도대체 그 사람이 누구인지 정체를 알 수 없는 사람들이 양쪽 모두에 넘친다. 정체를 알기 어려운 것은 욕망이 있을 뿐, 자아가 없기 때문이다. 자아는 주체성에 존립하는 인격이며, 주체성은 오직 세계 전체를 자기 속에서 능동적으로 규정하는 정신의 존재 방식이다. 전체는 부분들의 정합적 결합에 존립하는 것이며, 모든 결합의 지속성은 결합의 정합성에 존립하는 까닭에, 개념들의 정합적 연쇄 속에서 전체를 기투하는 정신은 정합적이고 일관적일 수밖에 없다. 그 일관성이 주체의 정체성을 이룬다. 그러나 개별성 속에 함몰된 정신은 오직 개별적 욕망의 매듭일 뿐, 참된 의미에서는 자아로도 주체로도 존재하지 못한다. 아무런 일관성도 정체성도 없는 존재는 자아도 주체도 아니다. 정당이 그런 좀비들의 집합소가 될 때, 그런 정당이 새로운 세계의 형성을 위해 의미 있는 일을 도모할 수 있으리라 기대하기는 어렵다.

혁명과 영성─전태일과 서준식의 경우

사랑이란 타인의 고통에 대한 응답이다。

정신의 빈곤은 전체를 사유하는 이성의 부재에서만 비롯되는 것은 아니다. 한국 민주주의의 참된 위기는 자기 자신이 세계 전체와 하나라는 영성靈性이 이 나라의 진보 진영에서 거의 사라져 버린 데 기인한다.

칸트식으로 말하자면, 지성이 부분을 인식하는 능력이라면, 이성은 전체를 사유하는 능력이다. 생각의 진리는 언제나 일관성에 존립한다. 그리하여 이성이 전체를 생각한다는 것은 전체를 어떤 일관성, 즉 통일성 속에서 하나로 파악하려 한다는 것을 의미한다. 하지만 전체는 미리 주어져 있는, 눈에 보이는 대상이 아니다. 그리하여 이성이 전체를 생각한다는 것은, 그것이 전체의 모습을 수동적으로 받아들이는 것이 아니라, 전체를 이념적 사유 속에서 능동적으로 규정하고 형성하는 것을 의미한다. 그렇게 전체를 대상으로서 사유하고 형성할 때, 인간은 주체가 된다. 그러나 이성적 주체에게 전체는 어디까지나 객체이고 대상이다. 그것은 사유와 형성의 대상인 것이다. 그런데 이성적인 것이 언제나 현실적인 것도 아니고, 현실적 대상이 언제나 주체의 형성 의지에 순응하는 것도 아니다. 현실은 이성의 대상이지만, 이성의 거울 같은 반영이 아니라, 어디까지나 타자적 대상이다. 이성이 깃든 장소는 언제나 개별적 주체이지만, 그가 생각하는 전체는 자신과 무관하게 그 자체로서 존재하는 세계이기 때문이다.

이런 개별적 주체에게 세계는 타자성의 총체이다. 이성은 개별적 주체를 다른 주체와 잇는 길이다. 이 만남의 총체가 세계이다. 주체는 타자적 주체와의 만남 속에서 주체가 된다. 만남은 과제이기도 하고 전제이기도 하다. 만남의 총체로서 세계 역시 마찬가지로 전제이면서 과제이다. 서로주체성의 현실태로서 하나의 세계는 주체가 타자적 주체와의 만남을 통해 실현해야 할 과제이면서, 또한 지나간 시간 속에서 이미 형성되어 있는 전제이기도 하다. 그리하여 주체는 이미 전제된 기존의 세계로부터 새로운 세계를 모색한다.

그러나 현존하는 모든 실체는 관성을 가지고 있다. 존재는 그 자체로서 머무름이기 때문이다. 이 머무르려는 힘이 관성이다. 관성은 새로운 형성의 시도에 저항한다. 그렇게 저항하는 것 역시 세계의 본질에 속한다. 개별적 존재자의 관성력과 비교하면 전체 세계의 관성력은 무한하다. 그 무한한 관성력의 세계 앞에서 주체는 무력하다. 무력한 주체가 세계를 변화시키려 할 때, 그는 상처받을 수밖에 없다.

전체를 단지 대상으로서 사유하는 이성은 이런 상처를 치유하지도 극복하지도 못한다. 이성은 전체를 참되게 인식하려 한다. 그러나 주체가 세계로부터 상처받을 때, 이성이 해 줄 수 있는 일은 없다.❶ 헤겔이 말했듯이, '현실적인 것은 이성적이요, 이성적인 것은 현실적'이라는 ❷ 수사가 가능하기는 하지만, 그것은 어디까지나 보편적 정신의 관점에서 할 수 있는 말일 뿐, 개별적 주체의 입장에서는 아무런 위로도 되지 못한다. 또는 마르크스처럼 이 자본주의의 질곡 끝에 사회주의와 공산주의 사회가 도래하는 것이 역사의 필연적 법칙이라는 것을 증명한다 할지라도, 그 역사의 길에서 오늘 상처받고 죽어 가는 사람을 그런 법칙으로는 위로할 수 없는 것도 마찬가지이다.

그럼에도 불구하고 불의한 역사 속에서 상처받고 죽어 가는 자들이 그 수난 속에서도 기꺼이, 기뻐하며, 미래의 역사를 위해 자기를 던질 수 있는 것은 한낱 개별자인 자신이 세계와 역사, 아니 존재 전체와 하나라는 믿음이 있기 때문이다. 그 믿음에 따른다면, 자기가 전체와 다른 것이 아니므로, 전체를 위해 기꺼이 죽는 것은 자기를 영영 버리거나 잃는 일이 아니라, 자기 속에서 전체를 살려, 전체 속에서 자기를 온전히 되찾는 일이다. 그러므로 현실이 아무리 절망적이라 할지라도 그 믿음이 살아 있는 한, 주체는 포기하지 않고 새로운 세계를 위한 길에 자기를 던질 수 있다.

그런데 이처럼 나와 전체가 하나라는 깨달음은 이성이 선사해 줄 수 있는 것이 아니다. 왜냐하면 이성은 언제나 전체를 대상으로서 사유하는 기관이기 때문이다. 대상 세계의 모순을 어떤 통일성 속에서 파악하는 것, 그것이 이성이 추구할 수 있는 최고의 일이다.

그러나 대상 세계가 나 자신과 하나라는 것은 이성이 인식할 수 있는 일도 아니고 증명할 수 있는 일도 아니다. 그것은 이성을 넘어선 영성의 일이며 믿음의 일이다. 이성은 나와 전체가 하나라는 믿음 위에서 비로소 자기의 소임을 다할 수 있다. 이성이 역사는 진보한다거나, 선이 승리한다는 명제를 아무리 그럴듯하게 우리에게 납득시키고자 할지라도, 그 명제가 생명력을 가지는 것은 내가 역사를 나 자신의 역사로 긍정할 때이다. 그러나 객관적 세계의 역사를 나 자신의 역사라고 고백하는 것은 이성이 아니라 믿음과 영성의 일이다. 그러므로 이성의 힘은 언제나 믿음과 영성에 근거한다.

세계가 나 아닌 타자일 때, 그것은 인식과 형성의 대상이다. 그러나 세계가 나 자신과 하나일 때, 세계는 단순한 인식과 형성의 대상이 아니라, 내가 아끼고 돌보고 책임져야 할 사랑의 대상이다. 이 사랑이야말로 죽음을 무릅쓰고 악에 맞서는 희생과 용기 그리고 헌신의 근원이다. 그리하여 믿음과 영성은 고통받는 세계에 대한 사랑으로 나타나고 현실의 악에 저항하고 새로운 세계를 개방하려는 실천으로 이어진다. 그 실천이 혁명이다. 그런데 믿음과 영성이 종교를 통해 구체적 내용을 얻게 되는 한에서 혁명적 열정은 종교적 믿음과 결합하게 된다. 이 점에서 보자면, 동학 농민 혁명 그리고 3·1운동이 종교적 열정과 결합된 정치적 실천이었던 것은 우연이 아니다.

오구라 기조는 『조선사상사』에서 고대부터 현대까지 한국 사상은 다른 나라에서 찾아보기 어려운 두 가지 뚜렷한 개성을 보여 준다고 주장하는데, 그 하나가 조선적 영성이며, 다른 하나가 사상의 혁명적인 정치적 역할이다.❸ 그는 이처럼 영성과 사상의 혁명적인 실천적 역할이 원효와 퇴계 그리고 동학 등으로 이어져 내려온 한국 사상사의 고유성이라고 설명하는데, 그가 영성의 개념을 따로 정의하지는 않지만, 퇴계의 천인합일天人合一을 영적 세계관의 모범으로 제시한다. 여기서 퇴계가 말하는 사람人을 주체로 이해한다면, 오구라 기조가 말하는 조선적 영성이 나와 전체가 하나라는 깨달음을 의미한다고 이해해도 무방할 것이다. 그리고 구한말, 이 나라가 전대미문의 위기에 빠졌을 때 오구라 기조가 말하는 조선적 영성과 사상의 혁명적인 정치적 역할의 결합이 동학 농민 혁명을 통해 가장 모범적인 방식으로 실현된 것은 우연히 일어난 일이 아니었다는 것도 알 수 있을 것이다.

동학 농민 혁명 이후 3·1운동에 이르기까지 우리는 한국의 민중 운동이 다양한 종교적 열정에 의해 추동되는 것을 확인할 수 있거니와, 마르크스는 종교가 인민의 아편이라고 낙인찍고, 니체는 신이 죽었다고 선언하던 시대에 조선 땅에서 다른 어느 나라 못지않은 열렬한 혁명적 열정이 종교적 믿음에 의해 추동되었다는 것은 서양적 판단 기준으로 본다면 이해할 수 없는 일이다. 그러나 과학적 이성은 있는 것으로부터 있는 것을 근거 지을 수 있을 뿐, 없는 것으로부터 있는 것을 근거 짓지는 못한다. 그 당시로 돌아가 이성의 눈으로 보자면, 조선 민중이 꿈꾸었던 새로운 세계는 적어도 조선 민중에게는 존재하지 않는 것이며, 존재할 수도 없는 것이다. 왜냐하면 조선 민중이 처한 현실로부터 이성은 어떠한 새로운 세계의 가능성도 인식할 수 없었을 것이기 때문이다. 그러므로 현존하는 세계에서 고통받는 조선 민중이 새로운 세계를 개방하려는 것은 적어도 이성의 관점에서는 불가능한 일이었을 것이다. 이런 상황에서 조선 민중이 불의한 세계를 폐하여 새로운 세계를 개방하려는 의지를 버리지 않고, 현존하는 세계와 맞서 싸우는 것은 이성의 관점에서는 어리석은 맹목에 지나지 않았을 것이다. 그 의지를 어리석은 맹목이 아니라 없음에서 있음을, 불가능에서 가능성을 기투하는 창조적 행위로 승인하는 것은 오직 믿음이다. 믿음이야말로 '바라는 것들의 실체요, 보이지 않는 것들의 증거'이기 때문이다.❹

그러나 혁명적 영성의 전통은 3·1운동 이후 쇠퇴의 길을 걷게 된다. 종교는 보수화되었고❺ 새롭게 등장한 공산주의 또는 사회주의 계열의 운동은 믿음이나 영성과 무관한 세속주의적 실천의 길을 걸었다. 일제 말기 국내에서 이렇다 할 대규모 봉기가 일어나지 않았던 이유는 태평양 전쟁 상황에서 일제의 탄압이 극단화된 까닭도 있지만, 그보다는 우리 내부의 이념적 분열이 전 민족적인 봉기를 불가능하게 만들었기 때문이다.❻ 한국의 민중 항쟁사를 조감㲽할 때, 한국인이 지배자의 억압이 강하다 해서 굴복하는 사람들이 아니라는 것은 누구라도 인정할 수밖에 없는 사실이다. 그러므로 일제 말기 태평양 전쟁의 소용돌이 속에서 일제의 지배가 더 야만적으로 변해 갔음에도 거기 저항했던 대규모 봉기가 없었던 것은, 이른바 민족주의 진영과 공산주의 진영의 대립이 그런 전 민족적 봉기를 불가능하게 만들었기 때문이라고 볼 수밖에 없다. 그 분열과 반목을 해소하기 위해 창립되었던 신간회가 해산된 뒤에❼ 두 진영의 반목은 해방 이후에도 이어져, 결국은 남북 분단에 이르렀다고 말할 수 있다. 남북의 분단은, 외세의 간섭과 별개로 내부적 요인으로부터 이해하자면, 그리스도교와 공산주의 세력의 분열에 기인한다고 보아도 무방하다. 제주4·3사건과 한국 전쟁은 그 이념적 분열이 가장 극단적인 방식으로 표출된 역사였다. 그것은 혁명을 포기한 종교와 처음부터 영성이 없었던 혁명 운동의 적대적 충돌이었다.❽ 그러나 양자 모두 영성 없는 정치적 실천에 몰입한 것은 같다. 나와 전체가 하나라는 믿음이 없었으므로, 나 아닌 타자는 사랑의 대상이 아니라 제거의 대상이 될 수밖에 없었다. 해방 공간에서의 격렬한 좌우 대립은 추상적인 자기 확신과 적에 대한 원한 감정과 증오에 의해 추동되었다. 반대로 말하자면, 그곳에는 타자에 대한 사랑, 원수에 대한 사랑 그리고 세계에 대한 사랑 같은 것이 전혀 존재하지 않았다.

한국의 민중 항쟁 역사에서 혁명적 영성의 전통이 부활하는 것은

1960년 4월혁명에서부터이다. 그 최초의 도화선이 되었던 대구의 2·28의거는 고등학생들의 봉기였다. 결정적 디딤돌이 된 마산의 3·15의거도 마찬가지이다. 한동안 마산과 부산의 고등학생들이 번갈아 가며 또는 원정 데모를 통해 봉기의 불씨를 이어 간 끝에,❾ 봉기의 불꽃이 서울로 옮겨붙었을 때, 시위는 초등학생부터 대학생까지 그리고 전 시민의 봉기로 전환되었다.

이리하여 대한민국에서 새로운 항쟁의 시대가 시작되었다. 그것은 좌익 운동가들에 의해 기획된 봉기도 아니고, 영락교회 청년부가 모태가 되었던 서북청년단처럼 종교적 배경에서 시작된 운동도 아니었다. 그것은 인간의 가장 소박한 양심에서 비롯된 불의에 대한 저항이었다. 4월혁명은 이념적으로 보자면 무전제 상태에서 시작된 봉기였으므로, 소박하였으나 바로 그 순수성 때문에 새로운 시작의 발판이 될 수 있었다. 그러나 양심은 불의를 부정할 수는 있으나, 새로운 세계를 형성하지는 못한다. 4월혁명 이후 봇물처럼 터져 나왔던 '오라 남으로! 가자 북으로!'라는 구호 역시 분단 체제에 대한 부정의 목소리였을 뿐, 진정한 의미에서 현실을 형성하는 이성의 발로라고 말할 수는 없었다. 불의한 현실에 대한 일면적 부정은 혼란과 불안을 낳고, 결국 4월혁명은 5·16 군사 정변이라는 반혁명으로 종결되었다.

그 이후 한국의 진보적 민중 운동이 다시 대중적 참여를 견인하기 시작한 것은 1970년 전태일의 분신 이후라고 말할 수 있다. 현대 한국의 민중 항쟁사에서 전태일의 분신은 너무도 잘 알려진 사건이지만, 이 사건처럼 그 의미가 은폐된 사건도 없을 것이다. 왜냐하면 그가 한 사람의 독실한, 어쩌면 과도하게 독실한 그리스도교인이었으며, 그를 분신으로 이끌었던 것은 계급 의식이 아니라 그리스도교적 사랑이었다는 사실이 그 이후 전적으로 은폐되었기 때문이다.

전태일의 삶과 죽음에 대해 조금이라도 감동한 사람이라면, 초등학교조차 마치지 못한 가난한 청년이 도대체 어떻게 해서 그렇게 놀라운 정신의 불꽃을 피워 올릴 수 있었는지 그 정신적 배경을 묻지 않을 수 없을 것이다. 왜냐하면 인간의 모든 일은 결국 정신이 하는 일이기 때문이다. 전태일을 전태일 되게 만든 것은 자기 개인의 가난과 고통이 아니라 세계의 고통을 자신의 고통으로 받아들인 것이다. 자아의 경계는 고통의 경계와 같다. 자신의 피부가 자기가 느끼는 고통의 경계인 사람에게는, 자신의 신체가 곧 자아의 전부이다. 그러나 타인의 고통을 자신의 고통으로 느낄 때, 내가 느끼는 고통의 범위가 확장되는 만큼 나의 자아도 확장된다. 그리하여 내가 고통을 느끼는 대상이 확장되는 것만큼 나의 존재, 나의 세계도 확장된다.

전태일은 타인의 고통을 자신의 고통으로 느낀 사람이었다. 그에게 타인은 자기와 상관없는 타자가 아니라 "나의 전체의 일부"였으며, "나의 또 다른 나"였다.❿ 그리하여 모든 사람이 자신의 고통에서 벗어나기 위해 본능적으로 몸부림치는 것처럼 그는 자신의 일부인 또 다른 나의 고통에 대하여 마치 자신의 고통에 대해 그렇게 하듯이 응답했던 것이다.

만약 그가 세상과 분리된 타자였더라면, 세상의 모든 고통을 자신의 고통으로 받아들일 수 없었을 것이다. 오직 세계와 내가 하나라는 믿음 속에서만 타인의 고통은 나의 고통이 되는 것이다. 그러나 이성이 세계를 아무리 전체로서 사유하더라도, 그것이 생각하는 전체는 어디까지나 주체인 나와 분리된 대상일 뿐이다. 전체가 단순히 생각의 대상이 아니라 실천적 형성의 대상이라 할지라도 사정은 마찬가지이다. 그리하여 한갓 이성은 주체를 세계와 하나 되게 만들어 주지도 못하고, 타인의 고통을 자신의 고통으로 껴안게 해 주지도 못한다. 왜냐하면 내가 세계와 하나라는 것은 이성적으로 증명할 수 있는 사실이 아니기 때문이다. 그런 까닭에 이성은 본질적으로 언제나 차가운 관찰자이며 심판자로서 세계 외부에 분리된 채로 머무른다. 더 쉽게 말하자면 이성은 본질적으로 방관자일 뿐이다.

그렇다면 세계가 나와 하나라는 것, 내가 세계 전체와 분리되고 고립되어 존재하는 개별자가 아니라 실은 내가 세계이며, 세계가 또한 나 자신이라는 깨달음은 어디서 오는 것일까? 그 깨달음은 과학적으로 검증할 수 있는 것도 아니고 이성적으로 증명할 수 있는 것도 아니므로, 그것은 오직 믿음일 수밖에 없다. 하지만 이 믿음은 또 어디서 오는 것일까? 전태일에게서 그 믿음은 더도 덜도 아니고 어머니에게서 물려받은 순수한 그리스도교적 신앙이었다.

> "총칼이 되기보다는 사랑을, 앞을 보지 못하는 자들에게 주인공의 한 눈을 준다. 남이 총칼로 덤빈다고 해서 같이 총칼로 대적한다는 것은 같은 인간이기에 [할 수 없다.] 세계 인류 전체가 총칼로 무장한다면 과연 세계가 평화로워질 것인가? 인간의 힘으로, 생각으로 해결할 수 있는 세계는 지나갔다. 신을 의지하고 신의 율례와 법도를 행하는 것만이 인간이 해야 할 급선무라고… 단일신 여호와를." ⓫

이것은 전태일이 구상했으나 완성하지는 못했던 "어쩔 수 없는 막다른 길에서"라는 소설의 초안 마지막 부분이다. 이 문장이 아니라도 우리는 전태일이 남긴 일기와 수기에서 그의 내면세계를 이루었던 교양의 토대가 거의 전적으로 그리스도교적 신앙이었음을 확인할 수 있다. 하지만 전태일의 믿음은 오늘날 그리스도교인들에게서 일반적으로 확인할 수 있는 자기 한 몸의 구원이나 영생에 대한 열망이 아니라, "네 이웃을 네 몸과 같이 사랑하라"는 명령에 순종하는 것이었다. "총칼이 되기보다는 사랑을[!]" 그를 분신으로 이끌었던 것은, 세상에 대한 일면적 분노나 증오도 아니고, 이런저런 사회과학적 인식도 아니라, 예수가 보여 준, 세상에서 고통받는 가난한 자들에 대한 사랑이었던 것이다.

예수는 당대의 유대 민중에게서 민족을 해방할 메시아로 추앙받았으나, 예수가 그 역할을 거부했을 때, 버림받고 살해되었다. 예수가 그랬듯이 전태일이 죽음을 통해 계시했던 것도 사랑이었다. 그러나 예수의 사랑이 오해받았듯이 전태일의 사랑도 마찬가지였다. 사랑이란 타인의 고통에 대한 응답이다. 짧은 기간 전태일의 공적 삶의 모든 장면은 타인의 고통에 대한 뜨거운 응답의 연속이었다. 그 가운데 가장 눈부신 장면이면서 가장 은폐된 장면은 아마도 그가 착취 없는 사업장을 스스로 만들려 한 시도일 것이다. 이것이야말로 우리가 앞서 거론했던 기업 민주화의 선구적 기투라고 말할 수 있을 것인데, 무엇이라 이름 부르든 그가 꿈꾸었던 것이 마르크스가 꿈꾸었던 자유로운 생산자들의 연합으로서의 공장이었던 것은 분명하다. 그러나 이 형성의 시도는 그의 생전에도 좌절되었지만, 그의 사후에도 계승되지 못했다. 세상은 그를 타인의 고통에 응답하고 더 나은 세계를 형성하려는 신적 사랑의 현현이 아니라, 단지 자신의 빼앗긴 권리를 되찾기 위해 투쟁하는 노동운동가로만 받아들였다. 그리하여 그가 선구적으로 보여 준 타인의 고통에 대한 응답은 자기의 권리에 대한 투쟁으로 박제화되어 버린 것이다.

그럼에도 1970년대 한국의 진보 운동은 두 가지 측면에서 전태일의 계승이었다. 첫째로, 외적 측면에서 70년대 한국의 진보 운동사는 진보적 그리스도교 운동을 무시하고는 기록될 수 없다.❶❷ 70년대의 학생 운동 및 지식인 운동에서 시작해서 노동 운동과 농민 운동 그리고 도시 빈민 운동, 심지어 70년대 말 양서 조합 운동에 이르기까지 당시의 거의 모든 진보적 사회 운동에서 교회는 매개의 중심이었다. 이것은 당시 도시산업선교회나 가톨릭농민회 또는 그 외의 다른 그리스도교적 사회 활동에 대한 평가와 무관하게 인정할 수밖에 없는 객관적 사실이다. 전태일이 독실한 그리스도교 청년이었다는 사실을 생각하면, 70년대 한국 교회가 천주교와 개신교 가릴 것 없이 전태일의 희생에 적극적으로 응답한 것은 조금도 이상한 일이 아니다. 70년대 한국 교회의 사회 참여는 전태일이 죽음으로 보여 준 그리스도교적 사랑의 실천이었다고 말할 수 있다.

여기서 우리는 당시의 그리스도교 사회 운동이 교회의 울타리 안에 유폐된 것이 아니고 세상을 향해 열린 운동이었다는 것도 기억해야 한다. 이것은 70년대 민주화 운동 및 사회 진보 운동이 좁은 의미의 종교적 교리가 아니라 넓은 의미의 영성에 의해 인도되고 있었음을 뜻한다. 이 점에서도 70년대 한국의 민주화 운동 및 사회 진보 운동은 전태일의 계승이었다고 말할 수 있다. 종교적 교리에 갇히지 않는 영성이란 사랑이다. 그러나 타인의 고통에 대한 응답으로 일어나는 사랑은 나와 타인이 별개의 존재가 아니라는 깨달음, 즉 궁극적으로 나와 세계 전체가 하나라는 믿음 없이는 불가능하다. 종교는 나와 타인, 나와 세계가 하나의 절대자 속에서 하나라는 믿음을 통해 타인의 고통에 대한 자기희생적 응답을 가능하게 한다.

물론 그렇다고 해서 기성 종교에 대한 신앙이 그런 영성적 사랑의 유일한 전제라고 말할 수는 없을 것이다. 왜냐하면 참된 종교도, 영성도 제도의 문제는 아니기 때문이다. 기성 종교의 신앙은 영성의 한 표현일 뿐, 그것이 자동으로 참된 영성이 되는 것도 아니고, 그런 신앙만이 영성의 유일한 표현인 것도 아니다. 엄밀하게 말하자면 영성이란 언제나 나와 전체의 관계에 존립하는 까닭에 종교의 한계에 갇히지 않는다. 왜냐하면 기성 종교는 언제나 전체와 절대자를 이것이다 또는 저것이다라고 규정함으로써 그 자신 전체의 진리가 아니라 부분적이고 당파적인 세계관으로 떨어지기 때문이다. 그런 까닭에 영성은 종교의 테두리에 갇히지 않으며, 때때로 우리는 당파적 신조에 갇힌 종교인들에게서보다, 어떤 신조에도 속박되지 않는 비종교인들에게서 참된 영성의 발현을 보게 된다.

역사의 진보를 위한 투쟁의 가장 치열한 전선에서 싸우면서도 지난날 안중근이나 백범 김구 같은 위대한 정신이 보여 준 영성을 우리 시대에 가장 탁월한 전범으로 보여 준 이가 바로 서준식이다. 『서준식, 옥중서한 1971-1988』노사과연(이하 『옥중서한』)은 한 사람의 유물론자 그리고 혁명적 무신론자의 정신 속에 어떻게 영성이 뿌리내리게 되는지를 생생하게 보여 주는 기록이다. 이 책의 일본어판 머리말에서 서준식은 "민족, 자생, 전향, 종교 등이" 옥중서한의 '라이트모티프'였다고 고백한다.❸ 여기서 자생이란 주체성이라고 이해해도 무방하다. 그런데 전향하지 않았다는 이유로 17년간 감옥에 갇혀 있었던 유물론자에게 종교가 왜 그리도 중요한 문제였던 것일까? 서준식 자신이 '종교'라고 말하고는 있지만, 정확하게 말하자면 그가 천착한 것은 종교가 아니라, 예수의 삶이었다. 만약 『옥중서한』의 인명 색인을 만든다면, 가장 많은 분량을 차지할 이름이 예수일 것이다. 그는 일반적 의미의 혁명가들 가운데 로자 룩셈부르크 Rosa Luxemburg를 한두 번 언급하는 것을 제외하면 다른 누구의 이름도 거명하지 않는다. 그는 자신이 유물론자임을 반복해서 확인하면서도 마르크스의 이름에도 레닌의 이름에도 기대지 않는다. 그 대신 그는 톨스토이, 도스토옙스키, 베르댜예프 Nikolai Berdyaev를 반추한다. 그러나 이 모든 사람을 다 합친다고 하더라도, 서준식에게 그들의 무게는 예수의 무게와 견줄 수 없다. 처음에 그는 예수의 언어를 가난하고 소외된 사람들을 위한 복음으로서라기보다는 그들을 위해 싸우는 사람들을 위한 구원의 언어로서 받아들인 것으로 보인다.

"오로지 성서만은 아니겠지만 여하튼 성서, 그중에서 특히 복음서 부분은 소외되고 신음하는 세상 사람들의 인간적 해방을 바라는 자가 몸에 지녀야 할 고귀한 윤리의 보고이다. 내 생각에 그것은 소외된 많은 사람들에 대한 직접적인 구원의 말씀으로서 가치가 있다기보다도, 인간 해방을 위하여 분투하는 사람들이 그 과정에서 겪게 되는 많은 괴로움에 대한 구원의 말씀인 것 같다. 그것으로부터 주옥과도 같은 윤리를 캐내지 못한 사람들이란 인간 해방을 자생적으로 바라는 사람이 아니기 십상이다."❹

생각하면, 이런 성서 이해는 정말로 특이하다. 왜냐하면 그것은, '주여! 주여!' 하면서 예수를 믿고 따르는 사람의 눈으로 성경을 읽는 것이 아니라, 예수와 같은 방식으로 살려는 사람의 눈으로 성경을 읽을 때만 가능한 독해이기 때문이다. 예수와 같은 방식으로 사는 사람이란 "소외되고 신음하는 세상 사람들의 인간적 해방을 바라는 자"이며, "인간 해방을 위하여 분투하는 사람들"이다. 즉 가난한 사람 자신이 아니라, 그런 가난한 사람들을 위해 싸우는 사람인 것이다. 복음서가 전하는 예수의 삶이 우리에게 주는 압도적 감동은 오로지, 그가 보여 준 가난하고 병들고 박해받는 사람들에 대한 넘치는 사랑과 연민에 기인한다. 그 감동에 이끌려 예수가 보여 준 그 사랑을 실천할 때, 우리는 예수가 모범을 보인 그런 삶을 따라 살게 되는 것이다.

하지만 예수가 보여 준 사랑의 삶을 사는 것, "소외되고 신음하는 세상 사람들의 인간적 해방을" 위하여 분투하는 삶이란 얼마나 어렵고, 위험하며 또 고통스러운 삶인가? 서준식에게 복음서가 전해 주는 예수의 말과 삶은 바로 그런 사람들이 자신의 삶에서 겪어야 하는 "괴로움에 대한 구원의 말씀"이면서 동시에 "고귀한 윤리의 보고寶庫"이다. 그가 그리스도교인이 아니면서도 예수의 삶에서 구원의 말씀과 고귀한 윤리를 발견할 수 있었던 까닭은, 예수가 그 어렵고 위험한 길을 끝까지 걸음으로써, 우리에게 위로와 용기를 주는, 영속적 모범이 되기 때문이다. 그가 짊어지고 매달린 십자가는, 이 불의한 세계에서 사랑이 겪지 않을 수 없는 끔찍한 고난의 증거이다. 그러니까 예수처럼 인간을 사랑하는 사람이 고난 받는 것은 당연한 일이다. 사랑한다는 것은 어떤 의미로든 상처받는 것이다. 무한한 사랑은 무한한 상처이다. 인간에 대한 사랑 때문에 감옥에 갇혀야 했던 서준식의 경우에도 사정은 마찬가지이다. 사랑하지 않았더라면, 상처받을 일도 없었을 것이다. 이런 의미에서 예수의 사랑과 고난 그 자체가 사랑 때문에 상처받는 모든 사람에게는 위로이다.

하지만 지극한 사랑에 대한 보상이 십자가의 형벌이었던 예수의 삶에서, 그를 신으로 받아들이지도 않았던 서준식이 도대체 어떤 구원의 말씀을 들었던 것일까? 아마도 보통의 그리스도교인이라면, 십자가의 수난 다음에 부활의 영광이 뒤따랐다고 말할 것이다.❶ 그러나 서준식은 수난 뒤에 더 큰 보상이 따른다는 그런 종류의 서사에서 구원을 찾지 않았다. 앙드레 지드 André Gide 가 말했듯이, 참된 사랑이 원하는 것은 사랑에 대한 보상이 아니다.

> "아니야, 제롬, 아니야. 미래의 보상을 위해서 우리가 덕을 쌓으려고 노력하는 것은 아니야. 우리의 사랑이 찾고 있는 것은 보상이 아니야. 자기 고통에 대한 보수라는 생각은 고귀하게 태어난 영혼에게는 모욕적인 말이야. 덕이란 그런 영혼을 위한 장신구가 아니야. 그것은 그런 영혼이 지니는 아름다운 형식인 거야."❻

만약 사랑이 보상 때문에 가치 있는 것이라면, 보상이 뒤따르지 않는 사랑은 무가치할 것이다. 그러나 이런 속물적 가치관은 예수의 것도 서준식의 것도 아니다. 그들 모두에게 사랑은 절대적 가치였기 때문이다. 그러므로 서준식이 예수에게서 구원의 말씀을 발견할 수 있었던 것은 예수의 사랑과 수난에 뒤따르는 보상 때문이 아니라, 예수가 보여 준 사랑 그 자체의 완전성 때문이었다. 그리고 그 사랑의 완전성이란 사랑의 전면성과 전일성, 즉 "모든 것은 사랑에서 우러나야 한다"라는 원칙에 존립하는 것이었다.❼ 하지만 이런 전적인 사랑의 원리가 국가 보안법으로 감옥에 갇힌 정치범과 무슨 상관이 있었을까?

"예수의 권력에 대한 항거는 소외되고 약한 사람들에 대한 사랑에서 우러난 것이지, 결코 특정 이데올로기나 체제 수립을 목표로 하지 않았다고 (찬양하는 문맥에서도 비판하는 문맥에서도) 평하여집니다. 그러나 뚜렷한 비전의 부재를 부정적으로 보든 긍정적으로 보든 첨예한 이데올로기 대립과 체제 대립의 시대에 살고 있는, 따라서 그만큼 경직화 내지는 형식화되지 않기 위해 항상 새로운 피의 순환과 신선한 이상에의 회귀가 필요한 우리들에게, 예수가 주는 교훈은 매우 값진 것입니다. 즉, '소외되고 약한 사람들에게 대한 강력한 사랑'이야말로 우리에게 가장 근본적인 것이며, 늘 옳은 방향을 잃지 않으려는 우리가 가장 확실하게 의지할 수 있는 지표입니다."[18]

그러면서 서준식은 자기 주변의 이른바 "속류"들을 비판하기 시작한다. 비판의 요지는 "'속류'들에게는 분개(내지 증오)의 모체여야 할 연민과 사랑이 희미하거나 증발"해 버린다는 데 있다.[19] 예수의 분노가 사랑의 발로였던 것과 달리 속류 혁명가들은 사랑 없는 증오에 몰입한다는 것이다. 그리하여 "속류들에게는 아름다운 이상이나 따뜻한 인간성이 후퇴하고 기술과 효용과 명분과 소속 같은 것들이 상대적으로 강조"된다.[20] 그들은 참된 사랑 없이 "공허한 이론과 기술만으로 아름다운 세계를 만들어 보겠다는" 사람들이다.[21] 하지만 속류 혁명가들이 그런 오류에 빠지는 것이 그들이 다른 사람들보다 특별히 악하거나 어리석기 때문이라고 생각한다면, 우리는 문제의 진상을 제대로 인식하지 못할 것이다. 왜냐하면 사람들이 "참된 사랑 없이 공허한 이론과 기술만으로 아름다운 세계를 만들어 보겠다는" 생각을 품는 것은 그것 나름대로 일종의 내적 운동 원리에 따라 일어나는 일이기 때문이다.

"모든 혁명가에게는 (적어도 주관적으로는) 아름다운 이상이 있다. 짓밟히고 고난당하는 인간들의 인간 회복, 그리고 '인간에 대한 사랑'이 넘치는 아름다운 유토피아, 이런 것들이 그들을 한낱 전사나 정치꾼으로부터 구별하는 징표라고 생각한다.

그러나 현실 세계는 참으로 각박하고 무자비하다. 이 아름다운 이상의 실현에 목숨을 건 정치적 투쟁장에서 어쨌든 살아남아야 하고 이겨야 한다. 이상과 열성만을 가지고는 한순간도 살아남지 못할 것이다. '인간에 대한 사랑'이라는 '토대' 위에 고도로 효율이 발휘되도록 짜여진 조직적·전술적 원칙이라는 '건조물'이 세워지는 것은 너무나도 당연하다.

그런데 묘하게도 이렇게 세워진 '건조물'이란, 그것이 부단히 튼튼하게 입각해 있어야 할 '토대'로부터 유리되고 겉돌아 그 자체로서 '자율적으로' 작동하는 경향이 있다. 그럴 때 혁명가의 삶은 다만 비정하고 참을 수 없이 왜소한 한낱 기술적인 것이 되어 버리기 마련이다. '인간에 대한 사랑'은 후퇴하고 혁명가는 전사나 음모적인 정치가로 타락한다."❷

속류 혁명가들이 처음부터 혁명을 빙자하여 개인적 이익이나 권력을 추구하는 것은 결코 아니다. 그런 의미에서 암울했던 시대, 불의한 권력에 저항하여 자신의 전 인생을 걸고 싸웠던 사람들과 그 세대를 싸잡아 매도하는 것은, 그런 비판자들 자신의 도덕적 감수성과 판단력의 결핍을 증명해 줄 뿐이다. 누구도 소영웅주의나 알량한 허영심 때문에 목숨을 걸고 불의에 저항하지는 않는다. "짓밟히고 고난당하는 인간들의 인간 회복, 그리고 '인간에 대한 사랑'이 넘치는 아름다운 유토피아"에 대한 갈망이 없다면, 누구도 개인적 이익을 위해 목숨 걸고 도박하는 어리석은 일을 하지는 않는 것이다. 이런 점에서 오늘날 우리가 아무리 한국 민주주의의 위기와 진보 운동의 변질이나 타락을 비판한다 하더라도, 불의에 대항하여 자신의 전 존재를 걸고 싸웠던 사람들과 그들의 시대에 대한 감사와 존중의 감정을 지니지 않으면 안 된다. 이는 그런 희생 덕분에 박정희도 전두환도 없는 이 좋은 시대에 사는 사람들이 지녀야 할 마땅한 염치이다.

하지만 그들이 처음에 품었던 그 "아름다운 이상"은 왜 퇴색하는가? 그 까닭은 그들이 품었던 유토피아에 대한 "아름다운 이상"을 실현하기 위해서는 세상의 악과 싸워 이겨야 하기 때문이다. 이기기 위해서는 사랑만으로 충분하지 않다. 사랑의 토대 위에 "고도로 효율이 발휘되도록 짜여진 조직적·전술적 원칙이라는 '건조물'이" 세워져야 한다. 이 건조물은 규칙일 수도 있고 조직일 수도 있다. 하지만 그것이 추상적인 것이든 구체적인 것이든 간에, 싸움에 이기기 위해 세워지는 건축물은 일단 세워진 뒤에는 자기 보존의 관성에 따라 작동한다. 그리하여 사랑의 토대 위에 세워진 건축물이, 도리어 사랑이라는 토대를 은폐하고 억누르게 된다.

인용한 편지에서 서준식은 혁명가의 '인간에 대한 사랑'이 그것을 실천하기 위한 "조직적·전술적 원칙이라는 '건조물'"에 의해 압살될 때, 어떻게 혁명가가 음모적 정치가로 타락하는지, 그 위험을 명징하게 서술한다. 간단히 말하자면, 그것은 승리와 성공에 대한 열망이 인간에 대한 사랑을 집어삼킬 때, 그리고 고통받는 인간을 구하기 위해 정립된 모든 제도가 그 자체로서 물신화되어 숭배의 대상이 되고 억압 기제가 되는 곳에서 닥쳐오는 위험이다.

바로 이 지점에서 예수는 서준식에게 속류 혁명가들이 빠지는 바로 그 위험으로부터 그를 구원하는 음성이었다.

> "내가 예수의 길을 걸어가야겠다고 생각한 것은, 예수가 단순히 '약자의 편'이었기 때문이라기보다는 우리들이 그 어떠한 강자가 된다 하여도 영원히 약자의 길을 떠나지 않을 수 있는 방법을 예수가 가르쳐 주고 있기 때문이라고 해야 하겠다. 예수는 모든 이념이 경직화되고 '자율적'인 것이 되어 버릴 때 그것이 인간을 얼마나 무자비하게 억압하는지를 나에게 가르쳐 준다. 우

리들이 이념의 노예가 될 것이 아니라 항상 '인간에 대한 개개의 구체적인 사랑'에 굳건히 발 디딜 것을 가르쳐 주는 것이다. 이것이 나 개인이 겪어야 했던 (그리고 어떤 의미에서는 지금도 겪고 있는) 그 처참한 정신적 위기에 있어서 얼마나 절실하고도 귀한 가르침인가를 나 자신 이외에는 아무도 알 수 없다. 이것이 '영원한 약자의 편'일 수 있는 한 가지 길이다."❷❸

따지고 보면 율법도 처음에는 약자를 위한 해방의 규범이었다. 안식일에 일하지 말라는 것은 노동하는 인간을 위한 최소한의 배려였던 것이다. 그러나 그것이 그 자체로서 물신화되면, 율법은 안식일에도 노동하지 않을 수 없는 가난한 사람들을 죄인으로 만들게 된다. 예수가 분노한 지점이 바로 여기이다. 그러나 서준식은 이것이 예수의 시대에만 국한된 일이 아니라는 것을 즉각 인식한다. 그리고 예수를 통해 "모든 이념이 자율적인 것이 되어 버릴 때, 그것이 인간을 얼마나 무자비하게 억압하는지"를 깨닫는다. 이런 사정을 생각하면 서준식이 예수의 삶을 가리켜 "저의 인생의 나침판"❷❹이라고 고백하면서, "예수를 추체험"❷❺하려 한 것은 조금도 이상한 일이 아니다.

그런데 서준식은 "예수로 말미암아 저의 이 서른다섯 살의 시점에서 하나의 새로운 정신적 지평이 열리고 있음을 저는 지금 감지합니다"라고 고백하면서도 예수를 신의 아들이 아니라 사람의 아들이라고 생각한다. 그리고 "나는 지금 '예수'를 필요로 하지만, '하나님'은 필요로 하지 않는다"라고 말한다.❷⓺ "'약자를 위했던' 예수가 진정 약자를 위하여 그렇게도 강할 수 있었던 것은 예수 혼자 힘으로 그럴 수 있었던 것이 아니라 '약자를 위한 하나님'을 믿고 의지했기 때문이라"는 것을 그도 이해한다.❷⓻ 그리고 "'약자를 위한 하나님'이 없이 강한 자는 그 강함으로 인하여 언젠가는 약자를 떠나기 마련이라고 한다"라는 것 역시 잘 이해된다고 말한다.❷⓼ 그러나 "하나님이 약자를 위한다는 주장에는 또 어떤 근거가 있는 것일까?"❷⓽ 사실 이것이야말로 간단히 대답할 수 있는 물음이 아니다. 아니 이것은 이성의 힘으로는 대답할 수 없는 물음이다.

그럼에도 불구하고 서준식은 신의 문제를 버리지 못한다. 생각하면 그가 결코 포기하지 않으려 했던 역사의 진보에 대한 믿음, 또는 유토피아에 대한 믿음 그리고 도래할 새로운 미래에 대한 기다림, 이런 것들 역시 이성의 힘으로 근거 지을 수 없기는 마찬가지이다. 그러니까 아무리 윤리적 이성이라도 유토피아에 대한 믿음이나 하늘나라에 대한 믿음이 모두 어리석은 믿음이기는 마찬가지인 것이다. 그리고 신이 존재한다거나 더 나아가 신이 약자를 위한다는 믿음도 마찬가지이다. 결국 고통받는 인간에 대한 사랑이란 냉철한 이성의 눈으로만 보자면 가망 없는 미래를 향한 기투에 지나지 않는 것이다. 그렇다면 "나는 바로 지금 신 없이 자신의 능력만으로 살 만큼 강할까?"❸⓪

일종의 "냉소와 우수와 염세의 늪"에서❹ 서준식은 "어쩐지 나도 신을 받아들일 수 있을 것 같다"라고❷ 생각하기 시작한다.

> "만약에 신에게 의지함으로써 내가, 1) 나의 내부에서 가장 수치스럽고 더럽게 고여서 썩어 있는 부분에다가 모진 돌멩이 하나를 정통으로 던질 용기를 가질 수가 있다면, 2) 신이 명하는 바와 사악한 현실과의 터무니없는 괴리에 치를 떨고, 따라서 이 현실 극복을 위한 정열과 용기로 충만할 수 있다면 (따라서 냉소와 우수와 염세의 늪으로부터 헤어날 수 있다면!), 3) 그리고 나에게 알맞은 삶의 자리에 뿌리내리는 것이 허락된다면! 나는 경건하게 신을 부를 수도 있을 것이다. 나는 반동의 레테르를 두려워하지 않는다. 나는 나의 인간적 자멸을 진정 두려워한다."❸

이런 성찰의 과정에서 서준식은 자신이 오래 지켜 왔던 "통속적 유물론"에서❹ 벗어나 조심스럽게 신을 긍정하고 받아들이는, "유신론적 유물론"에 이르게 된다.

> "유물론의 반대 개념은 관념론이다. 유신론의 반대 개념은 유물론이 아니라 무신론이다. 유물론=무신론이라는 당연한 상식에서 벗어나서, 그것이 인간의 해방을 위해 필요한 것이라면 (이원론이 될 수밖에 없을지 모르나) 유신론적 유물론의 가능성을 모색해 볼 만하지 않을까?"❺

서준식은 딱히 유물론을 정의하고 있지는 않으나, 여러 문맥을 고려할 때 여기서 그가 말하는 유물론이란 그가 비판적으로 언급했던 통속적 유물론이 아니라, 과학적 세계관과 거의 같은 뜻으로 이해해도 무방하다. 생각하면 근대 이래 계몽된 이성이 표방해 온 과학적 세계관이란 존재에서는 유물론, 진리에서는 실증주의 그리고 윤리에서는 공리주의를 근간으로 삼고 있다. 유물론이란 물질적인 것만이 존재하며 물질이 아닌 것은 모두 비존재이거나 부수 현상에 지나지 않는다는 견해이다. 실증주의는 보이는 것만이 진리라는 믿음이다. 마지막으로 공리주의는 실질적으로 이익이 되는 것만이 가치 있는 것이라는 입장을 가리킨다. 과학은 언제나 물질적인 것만이 존재하며, 보이는 것만이 진리라고 믿는다는 점에서 유물론적이고 실증주의적일 수밖에 없다. 근대적 혁명 이론은 이런 과학적 세계관에 입각해 역사의 법칙을 말해 왔다.

하지만 서준식은 그런 혁명 이론이 얼마나 편협하고 허약하며, 그럼에도 불구하고 얼마나 폭력적일 수 있는지를 자각한 뒤에, 현실 세계에서 유물론을 부정하지 않으면서도, 즉 과학적 세계 인식을 받아들이면서도 보이는 세계 너머 근원적 진리를 개방하는 유신론의 가능성을 조심스럽게 모색한다. 이미 칸트가 분명히 보여 주었듯이 이성은 신의 존재를 증명할 수도 없고 부정할 수도 없다. 신은 이성의 그물에 잡히는 존재자가 아니다. 그러므로 과학이 신의 존재를 부정할 수 있는 것도 아니며, 신을 믿는다 해서 과학을 포기해야 하는 것도 아니다. 그런 의미에서 유물론과 유신론은 상호 모순적 관점이 아니다.

하지만 이런 모든 것을 인정한다 하더라도 여전히 문제는 남는다. 신은 누구인가? 특정한 종교가 이것이다, 저것이다라고 말하는 신의 관념이 참된 의미에서의 신이라고 말할 수는 없을 것이다. 그리하여 한 사람의 혁명가가 진정한 마음으로 신 앞에서 마음을 연다 하더라도 그 신이 과연 어떤 존재인가 하는 것은 여전히 대답되어야 할 물음으로 남아 있다.

촛불과 태극기 사이에서

차이를 적대적 분열과 대립이 아니라
건설적 협동이 되게 하는 것은
전체에 대한 믿음이다.

서준식은 유물론자였으나, 인간에 대한 사랑에서 출발해 종교적 영성의 지평으로 나아갔다. 이 놀라운 성숙의 과정이 우리의 현실이었으면 좋았을 것이다. 하지만 전태일과 서준식에게서 우리가 발견하는 그 비길 데 없는 정신의 현실태는 한국의 현대 민중 항쟁사에서 1970년대의 시대정신을 반영할 뿐, 후세로 이어지지 않았다.❶ 그리하여 서준식이 속류 혁명가들을 비판했던바, "'인간에 대한 사랑'은 후퇴하고 혁명가는 전사나 음모적인 정치가로 타락한다"라는 말이 그대로 현실이 되었다. 그리하여 정치는 너와 내가 만나 우리가 되는 과정이 아니라 동지와 적을 가르고, 그 적대적 대립 속에서 승리하고 권력을 쟁취하는 것이 유일한 현실적 목적이 되었다.

아마도, 아니 틀림없이 이 급격한 변화의 변곡점에 5·18이 있을 것이다. 5·18은 그 자체로서는 지극한 사랑의 표현이었으나, 그 5·18에 대한 응답은 사랑보다 더 뜨거운 증오와 분노였다. 이것은 마치 예수의 십자가 사건이 사랑의 완성이었으나, 그 사건이 유대인에 대한 증오의 씨앗을 뿌린 것과 같았다. 1980년 5월 27일, 열흘 동안의 항쟁이 패배로 끝난 뒤에 1987년 6월항쟁으로 전두환 정권이 종말을 고할 때까지 한국의 진보 운동은 5·18 당시 전두환의 신군부가 자행한 학살을 단죄하고 심판하려는 의지에 의해 추동되었다고 말해도 과언이 아니다. 국민의 직접 선거가 아니라 극소수의 통일주체국민회의 대의원에 의해 체육관에서 옹립된 전두환 정권은 처음부터 감시와 폭력이 아니면 정권을 유지할 수 없었다. 전두환 정권은 광주에서의 학살에 더하여 삼청교육대를 통해 공포 분위기를 전 사회적으로 확산시키고, 병역 의무를 악용하여 군대를 감시와 폭력의 경연장으로 만드는 등, 공포 정치를 통해 국민들의 저항을 잠재우려 했다. 그렇게 전두환 정권은 태생적 원죄에 더하여 하나의 죄 위에 또 다른 악을 쌓아 올리다가 결국 1987년 6월항쟁으로 종말을 맞게 되었다.

이런 사정을 생각하면, 1980년 5월에서 1987년 6월까지 한국의 진보 운동이 불타는 분노와 증오에 의해 추동된 것은 조금도 이상한 일이 아니다. 그리고 이 분노와 증오야말로 1970년대 진보 운동과 1980년대 운동의 내면 풍경을 나누는 결정적 차이이다. 70년대 유신 시대를 관통하는 지배적 정서는 부끄러움이었다. 그것은 폭력 앞에 저항하지 못하고 굴복하는 정신이 느끼는 부끄러움이다.❷ 그러나 80년대의 지배적 정서는 전쟁터의 군인이 적에 대해 느끼는 증오와도 같았다. 인간에 대한 사랑은 적에 대한 증오로 바뀌고, 그 증오의 에너지와 함께, 80년대 이후 한국의 진보 운동은 서준식이 염려했던 대로, 사랑은 증발하고 증오만 남은 속류들로 서서히 채워져 갔다.

이와 함께, 80년대 이후 한국의 진보 운동은 5·18을 통해 증폭된 저항의 에너지에 힘입어 교회나 다른 종교 기관의 비호를 받을 필요가 더는 없어졌다. 이론의 측면에서도, 80년대 이후 한국의 진보 운동은 특별한 제약 없이 마르크스-레닌주의와 김일성의 주체사상을 받아들이기 시작했다. 그리하여 이론적으로나, 실천적으로나 80년대 이후 한국의 진보 운동은 더는 종교와 관련 없는 세속적 정치 운동이 되었다.

이것이 낳은 일차적 결과는 운동 세력 내부의 분열이었다. 1979년 부마민주항쟁 당시 마산 봉기의 주역 가운데 한 사람이었던 경제학자 정성기는 1995년에 쓴 선구적 논문에서 1980년대 마산 창원 지역에서 마르크스주의 노동 운동과 그리스도교 마르크스주의 노동 운동이 어떻게 갈등에 빠지게 되었는지를 서술하면서, "민중 신학은 신(학)을 놓치지 않으면서도 맑스주의를 수용하는 포용성을 보이지만, 맑스주의자들은 자신의 학문적 입장에 따라 '신학'과 그리스도교에 대한 부정적 인식이 매우 강한 것은 오히려 당연한 현상이었다"라고 회고한다. ❸ 그런데 마르크스주의 운동가들이 그리스도교에 품고 있었던 부정적 인식은 단지 마음속의 가치관이나 세계관의 차이로 머물지 않고 현실에서 마르크스주의적 운동과 그리스도교적 진보 운동 사이의 치명적 불신과 분열을 낳게 된다.

이런 현실의 한 풍경을 정성기는 마산 가톨릭 여성회관 조현순 관장의 말을 통해 우리에게 보여 준다. 그에 따르면 조현순 관장은, "가톨릭 측은 갖가지 교계 안팎의 견제를 무릅쓰고, 온건 노조는

물론이고, 권력의 탄압을 집중적으로 받는 맑스주의적 성격의 노조와 재야 단체도 나름대로 깊게 이해하고 지원, 연대해 왔지만, 노동조합과 재야 측은 이러한 가톨릭 측을 대체로 이용하려고만 하여 인간적으로 신뢰감이 들지 않는다"라고 말했다 한다. ❹ "민족주의자 편에서 공산주의자를 뭐 그리 미워하는 것 같지는 않습디다마는, 공산주의자 편에서는 참 민족주의자 지독히" 미워한다던 함석헌의 회고에서도 알 수 있듯이, ❺ 한국 진보 운동의 역사에서 이런 종류의 불신은 사실 그리 낯설지 않다. 이런 불신은 한 편이 다른 한 편을 이론적으로는 타도의 대상으로 삼고 있으면서도, 현실적 효용을 위해 표면적으로 연대할 때, 필연적으로 생길 수밖에 없는 불신인 것이다.

정성기는 1980년대 들어 표면화되기 시작한 그리스도교와 마르크스주의의 불화가 어떻게 노동 운동의 좁은 경계를 넘어 전 사회적 분열을 초래하는지를 다음과 같이 서술하고 있다.

"근대 이후 서구 철학과 과학이 극복하고자 했던, 인간 외부에 존재하는 것으로 상정된 인격적 절대자로서의 '신'의 문제, '신학의 문제'가 아직도 이 나라의 한 지역인 마산·창원지역 사람이나 한민족 모두, 그리고 전 세계적으로 전혀 해결되지 않았고, 신(학)의 문제는 바로 인간 간에 심각한 문제로서 거대한 태산같이 버티고 있다. 이로 인해 하늘 아래 누구도 이 종교적, 철학적

이고 동시에 심각한 사회적 문제로부터 완전히 자유롭지는 못하다. 마치 맑스 시대에 종교를 비판하는 계몽주의자와 크리스천이 공존했듯이, 오늘날은 여전히 양상은 다르되 맑스주의자와 크리스천이 공존하고 있다. 그리고 칼 맑스의 아버지가 계몽주의자이면서 크리스천으로서 맑스 앞에 버티고 있었듯이, 오늘날은 해방 신학자들이 크리스천이면서 맑스주의를 받아들이면서 맑스주의자 앞에 버티고 서 있다. 그리하여 해방 신학자, 기독교 맑스주의자와 맑스주의자들은 이제 손을 맞잡을 듯 가까워진 것 같지만 아직 신의 존재 문제, 이와 연관된 인간과 세계의 문제를 놓고는 아스라한 평행선을 그으며, 철학적으로나 실천적으로 연대하면서도 도처에서 대립하고 있는 것이다." ❻

정성기 교수가 이 글을 쓴 것이 1995년이었다. 문익환 목사가 세상을 떠난 것이 1994년이었으니, 그가 이 글을 쓸 때만 하더라도 아직 한국의 개신교가 돌이킬 수 없이 극우 보수주의에 투항하기 전이었다. 그러나 그로부터 거의 30년이 지난 지금, 우리는 정성기가 말한 대립이 얼마나 극단화되었는지를 촛불 집회와 태극기 시위의 아득한 거리 속에서 모자람 없이 확인할 수 있다. 그 대립은 이 땅의 혁명가들이 속류화된 것과 함께, 그리스도교가 극우화된 결과이다. 그리고 이와 함께 우리는 다시 남로당 무장대와 서북청년단이 충돌하던 해방 공간으로 퇴행하고 있다.

한국 민주주의의 위기는 바로 이 퇴행에 기인한다. 그리고 우리는 퇴행의 가장 근본적 원인이 한국의 진보 운동이 영성을 상실한 데 있다고 말할 수 있다. 앞서 말했듯이 1980년대 이후 한국의 진보 운동은 종교적 후견으로부터 독립하여 세속주의의 길을 걸었다. 그것은 좋게 말하면 계몽된 이성에 입각한 합리주의였다고 말할 수 있겠지만, 이성은 자기 자신만으로는 자기가 나아갈 길을 스스로 정립할 수 없다. 왜냐하면 이미 서양의 계몽주의 시대에 영국의 철학자 흄이 냉철하게 지적했듯이, 이성은 그 자체만으로는 어떠한 의지 활동의 동기도 될 수 없기 때문이다. 이런 의미에서 이성은 그 자체로서 도구적이다. 칸트는 이런 비관주의에 반발하여 실천 이성을 말했으나, 그의 실천 이성은 형식적 합법칙성을 넘어가지 못했다. 20세기에 아도르노 Theodor Adorno 와 호르크하이머 Max Horkheimer 는 다시 도구적 이성을 비판하면서 마치 이성이 도구적이 아닐 수도 있다는 환상을 퍼뜨렸으나, 그들 역시 부정과 비판 이외에 이성이 할 수 있는 다른 능력이나 역할을 전혀 보여 주지 못했다. 그도 그럴 것이 이성은 결코 진리의 자율적이고 최종적인 주체가 아니기 때문이다. 그럼에도 불구하고 이성이 마치 그런 주체인 것처럼 행세할 때, 이성은 실제로는 정념의 노예 노릇을 하게 된다. 그리고 정치적 활동의 영역에서 이성이 정념의 도구가 될 때, 그것은 더도 덜도 아니고 당파적 이익을 위한 수단으로 전락하고 만다.

진보 운동이 인간에 대한 사랑에서 시작된다는 것을 부정할 수는 없다. 사랑은 우리를 타인의 고통에 응답하게 하지만, 동시에 그런 고통을 유발하는 자에 대한 분노를 낳는다. 그런 의미에서 사랑이 분노와 공속하는 것은, 지극한 사랑이 화신이었으나, 그 사랑만큼 크게 분노했던 예수의 경우에서도 확인할 수 있다. 고통에 대한 응답으로 나타나든 불의에 대한 분노로 나타나든, 사랑이 우리를 역사에 뛰어들게 할 때, 진보적 운동은 시작된다.

그러나 이 순수한 사랑은 서준식이 말했듯이 성공과 승리에 관한 현실적 관심에 의해 희미해진다. 사랑을 이루기 위해 현실에서 성공해야 하지만, 성공에 대한 열정은 현실적 성공을 목적으로 착각하게 만든다. 불의한 적과 싸워 이기는 것이 목표가 되는 것이다. 이런 싸움은 선한 싸움으로 포장되고, 싸움에 이기기 위해서라면 어떤 일이든지 해도 된다는 오만이 마음에 자리 잡기 시작한다. 목적이 선하다는 확신이 그 목적을 달성하기 위한 수단을 정당화하게 되면, 인간에 대한 사랑이라는 최초의 이상은 그 이상을 위한 모든 수단을 무차별하게 정당화하고 합리화하는 도구가 된다. 그리하여 고통받는 인간에 대한 사랑은 한때의 추억으로만 남고, 지금의 현실은 오로지 적대적 당파성의 구도에 의해 규정된다.

이런 당파성이 선의의 경쟁이 되었더라면 좋았을 것이다. 왜냐하면 인간은, 누구도 절대적 진리를 직관할 수 없으므로, 오직 질문과 비판적 검증의 길을 통해서만 진리에 한 걸음씩 다가갈 수 있기 때문이다. 이런 사정은 개인의 마음이든 집단적 지성이든 차이가 없다. 진리는 우리를 하나 되게 하지만, 개인에서든 집단에서든, 그 하나 됨이란 항상 차이 속에서 일어난다. 차이와 대립 없는 하나 됨이란 언제나 죽음의 징표이다.

하지만 현실에서 차이는 너무도 자주 진리의 길이 아니라 적대적 대립의 씨앗이 된다. 그리고 역사의 길에는 적대적 대립 속에서 생사를 건 싸움을 피할 수 없는 순간이 당연히 있다. 이를테면 1950년 북한이 남한을 침공했을 때, 신앙의 자유를 지키기 위해 무기를 든 사람들과 1980년 계엄군이 광주 시민들의 평화적 항의에 폭력적 진압으로 응수했을 때, 시민의 자유를 지키기 위해 무기를 들었던 사람들은, 모두 나름의 정당성에 따라 피할 수 없는 싸움에 뛰어들었다고 말할 수 있을 것이다. 하지만 그 필연성이 싸움에서의 승리를 위해 모든 일을 자행해도 된다는 것을 말하지는 않는다. 전쟁에서의 승리라는 이유로 무고한 사람을 학살하는 일까지 정당화될 수는 없다. 그런즉 동학 농민군은 무기를 들고 싸움터에 나서면서도, '불살생 불살물'不殺生 不殺物을 첫 번째 대의로 내세웠으며, 안중근 의사는 사로잡은 전쟁 포로에 관한 제네바 협약에 따라 일본군 포로를 돌볼 수 없는 상황에 처했을 때, 그를 죽이기보다는 차라리 살려 보내는 길을 선택했던 것이다.

이렇듯 피할 수 없는 전쟁 상황에서 적에 대해서조차도 고고한 윤리성을 지킬 수 있었던 것은 적조차도 전체의 일부이고 나의 일부라는 믿음이 있었기 때문이다. 함석헌은 3·1운동에 참여해 총칼로 무장한 일본 군경 앞에서 비무장으로 맞설 수 있었던 것은 단지 용기의 발로만이 아니라, 적에게도 이성과 양심이 있으리라는 믿음이 있었기 때문이라고 회고한다. 생사를 건 투쟁 가운데서도 보존되는 이런 믿음이야말로 영성의 발로이다. 그러나 이런 믿음은 3·1운동 이후 격화된 좌우 대립 속에서 서서히 사라진다. 그리고 그것은 우리 자신의 마음의 분단으로 이어지고 결국 현실적 남북 분단으로 종결되었다. 그 분단이 전쟁으로 파열했을 때, 이승만 대통령이 국민을 서울에 남겨 둔 채로 한강 다리를 파괴하고 자기 혼자 도망치면서 가장 먼저 했던 일은 북한군이 내려왔을 때 그들에게 협력할 가능성이 있는 민간인을 대규모로 학살한 것이었다. 이런 학살극 가운데서 안중근이나 함석헌이 다른 민족에 대해서도 굳건히 견지했던, 내가 전체와 하나이며, 적도 나의 일부라는 믿음은 흔적도 없이 사라지고 없었다.

세계에 대한 사랑 대신 적에 대한 증오와 원한만이 우리를 움직였던 오랜 방황 끝에 전태일이라는 청년이 나타나, 마치 새로운 진리의 계시와도 같이 믿음과 영성의 불꽃을 다시 피워 올렸으니, 그 시대는 서준식 같은 유물론자도, 속류 혁명가들처럼 적에 대한 승리만을 외치지 않고, 예수처럼 언제나 약자 곁에서 인간에 대한 사랑의 원칙에 성실하리라 다짐할 수 있었던 시절이었다. 그러나 80년대 이후 우리는 그렇게 열린 새로운 믿음과 영성의 길을 이어 가지 못했다. 진보 운동은 세속화되었고, 기성 종교는 보수화되었다. 차이를 적대적 분열과 대립이 아니라 건설적 협동이 되게 하는 것은 전체에 대한 믿음이다. 그러나 세속화된 진보 운동 속에서도 보수화된 신앙 속에서도 우리는 이제 더는 전체에 대한 믿음을 찾아볼 수 없다. 그리하여 모두 자기가 선이라 믿으면서 남을 악이라 단죄하고, 남과 싸워 이기는 일에만 골몰한다. 인간에 대한 사랑보다 자기가 믿는 선을 위한 싸움에서의 승리가 언제나 더 중요한 것으로 여겨지고, 결국 윤리도 이념도 모두 당파적 권력 투쟁의 승리를 위한 도구로 전락한다. 그리하여 지금 우리가 사는 세상은 사도 바울이 탄식했던바, 의인은 아무도 없는 시대가 되고 말았다.

> "기록된바 의인은 없나니 하나도 없으며, 깨닫는 자도 없고, 하나님을 찾는 자도 없고, 다 치우쳐 함께 무익하게 되고, 선을 행하는 자는 없나니, 하나도 없도다." (로마서 3장 10-12절, 개역개정 성경)

헤겔이 말했듯이 진리는 전체이다. 비슷한 뜻으로 함석헌은 선은 전체라고 말했다. 진리든 선이든 오직 전체가 절대자이다. 그런즉 하나님도 전체이다. 부분을 위한 신은 더는 신이 아닌 것이다. 의인이 하나도 없고, 진리를 깨닫는 자 역시 하나도 없는 까닭은 모두 전체로부터 이탈하여 치우쳐 있기 때문이다. 전체에 대한 믿음이 없는 이 치우침으로 말미암아 우리는 보다 높은 하나를 이루지 못하는 차이 속에서 적대적으로 분열한다. 지금 한국의 권력 집단이 보여 주는 것처럼, 자기와 다른 자들을 정치적 공론장으로부터 완전히 제거하기 위한 도구로서 국가 기구를 악용하는 것이 마치 정상적 정치 행위인 것처럼 용인된다. 음모와 술수를 통해 정적을 제거하려는 행태가 어디서나 만연하고, 참된 공공선을 위해 차이를 드러내고 그런 차이로부터 보다 높은 하나를 이루려는 정신은 점점 더 설 자리를 잃어 간다.

새로운 믿음을 기다림

지금은 아직 밤이니,
우리는 아직 깨어 기다려야만 하리라.
머지않아 새벽이 올때까지。

그렇다면 이 위기를 어떻게 극복할 수 있는가? 보다 높은 하나를 위한 필연적 계기로서 차이가 승인되는 곳에서만, 우리가 직면한 시대적 분열상이 치유될 것이다. 그리고 이것은 전체가 하나라는 믿음, 그 전체가 나와 다른 것이 아니라는 믿음, 그러므로 나와 다른 자도 전체 속에서 나의 일부라는 믿음이 우리 마음속에 뿌리내릴 때 가능할 것이다.

이런 믿음이 영성의 발로라면, 그리고 이런 영성이 어떤 의미로든 세속적 일상을 초월하는 일종의 종교적 비약이라면, 오직 낡은 종교가 물러가고 새로운 믿음 그리고 그 믿음에 뿌리를 둔 새로운 영성이 도래할 때만 우리가 처한 전면적 불의가 극복될 수 있을 것이다.

하지만 새로운 믿음이란 과연 어떤 것일까? 이 말이 상투적 수사로 끝나지 않기 위해서는 우리가 반드시 기억해야 할 것이 하나 있으니, 그것은 참된 믿음이란 역사에 대한 믿음이어야 한다는 것이다. 여기서 말하는 믿음이 한 개인의 구원이나 영생에 대한 것을 의미한다면, 새로운 믿음은 필요하지 않다. 그것은 모든 종교가 약속하기 때문이다. 이슬람 국가의 전사들조차, 그들이 이교도들과의 싸움에서 목숨을 버린다면, 천당에서 꽃다운 미인들과 함께 쾌락을 누리며 영생하리라는 믿음을 가지고 있다. 그런 믿음은 세상 어디서나 구할 수 있는 싸구려 장신구와도 같다. 다만 사람은 우연히 미국 땅에 태어났으니 그리스도교라는 목걸이를 달게 되고, 우연히 아랍 땅에 태어났으므로 이슬람이라는 모자를 쓰게 되는 것이다.

우리에게 필요한 믿음은 그런 믿음이 아니라, 역사에 대한 믿음, 전체에 대한 믿음 그리고 나와 그 전체가 하나라는 믿음이다. 오직 이 믿음 속에서만 우리는 세상의 고통 속에 자신을 던질 수 있기 때문이다. 이런 믿음이 아닌 다른 모든 종교적 신앙이란, 믿음의 힘으로 세상의 고통에 자기를 던지는 헌신의 열정이 아니라, 세상의 고통으로부터 자신만 벗어나려는 이기적 욕망의 표현일 뿐이다. 그러니 그런 신앙이 이 세상에 아무리 넘친다 한들, 그것이 세상을 고통에서 구할 수는 없다. 오직 믿음이 역사에 대한 믿음, 전체가 하나라는 믿음 그리고 내가 그 전체와 하나라는 믿음일 경우에만, 그런 믿음이 세상을 변화시킬 수 있을 것이다.

하지만 오늘날 세상의 지배적 종교는 우리에게 그런 믿음을 주지 못한다. 돌아보면, 우리에게 친숙한 종교 가운데, 본래 그리스도교만이 역사적 종교이다. 그것만이 역사를 영원의 관점에서 파악한다. 땅 위에서 일어나는 하나하나의 역사적 사건이 영원의 관점에서 의미를 가지는 것은, 오직 유대교에 뿌리를 둔 종교에서만 가능한 일이다. 그런데 그 가운데서도 그리스도교는 신의 존재를 인간의 역사 속에서 파악한다. 유대교에서는 모든 유한한 존재의 지평 너머에서 숭고하게 고양되어 있었던 신이, 그리스도교에서는 이 비천한 역사 속으로 진입했던 것이다. 그것이 그리스도교에서 말하는 예수의 성육신이다. 그리스도교가 서양 사회에 확고히 뿌리내린 뒤에, 성 아우구스티누스Augustinus는 인간의 역사 전체를 신의 구원과 심판의 경륜 속에서 해명할 수 있었다.

과연 지금도 그런 그리스도교적 역사 철학이 가능한가? 종교개혁 이후 천주교와 개신교는 서로를 이단으로 몰지 않으면 안 되었다. 생각하면 그것은 이해할 만한 경쟁심의 발로였겠지만, 그 자연스러운 경쟁심은 그리스도교의 역사성을 치명적으로 파괴함으로써 그리스도교의 본질적 기초를 허물어뜨린 결과를 초래했다. 왜냐하면 동일한 신과 성경을 믿는 두 종교가 분열됨으로써 하나의 신이 둘로 분열되었기 때문이다. 그러나 분열된 절대자는 더는 절대자일 수 없다. 그리하여 천주교와 개신교는 서로를 배척함으로써 신의 역사를 돌이킬 수 없이 무의미한 것으로 만들어 버렸다.

그리스도교인들이 지금도 신이 역사한다는 것을 진심으로 믿을 수 있으려면, 천주교와 개신교가 유일한 신의 역사 속에서 합당한 역사적 의미를 얻어야 할 것이다. 쉽게 말해 가톨릭은 프로테스탄트 교회의 역사적 필연성을 그리고 프로테스탄트 교회는 가톨릭의 역사적 필연성과 그 합당한 존재 이유를 서로 긍정하고 또 설명할 수 있어야 할 것이다. 하지만 어떤 신학이 그 일을 해낼 수 있겠는가? 또는 신이 둘로 분열된 것이 어떤 역사적 의미를 가질 수 있겠는가? 천주교도 개신교도 그 필연성을 설명하지 못한다. 그리하여 종교개혁 이후의 그리스도교는 더는 역사적 종교가 아니다. 왜냐하면 분열된 교회는 더는 그 분열의 구속사적 의미를 설명할 수 없기 때문이다. 그리하여 그리스도교는 이제 그 종교의 기초를 이루는 신의 역사와는 무관한 추상적 절대자의 종교가 되었다. 그런 그리스도교적 신앙이란 역사와 유리된 선민사상일 뿐이다. 믿으면 세상에서 복받고, 죽어서는 천국에서 영생을 누린다는 믿음, 믿음이란 그런 속물적 욕망의 그림자에 지나지 않는 것이다.

불교처럼 아예 역사를 초월한 적멸의 경지에서 해탈을 추구하는 종교라면, 믿음이 역사와 무관하다 해서 그 종교가 타락할 일은 없을 것이다. 그러나 그리스도교 같은 역사적 종교가 역사와 유리되기 시작하면 온갖 기괴한 일이 벌어지게 된다. 역사는 시작이 있고 끝이 있기 때문에 역사이다. 그러므로 종말론은 역사적 종교인 그리스도교의 본질에 속한다. 종말은 예수의 재림과 함께 일어날 것이다. 하지만 누가 재림 예수인가? 그것은 당신도 모르고 나도 모르는 일이다. 그러므로 말세에는 온갖 사탄이 나타나 자신이 재림 예수라고 떠들 것인데, 이미 예수는 이를 내다보고 말했다.

> "미혹을 받지 않도록 주의하라. 많은 사람이 내 이름으로 와서 이르되 내가 그라 하며 때가 가까이 왔다 하겠으나 그들을 따

르지 말라." (누가복음 21장 8절, 개역개정 성경)

하지만 이런 경고가 무슨 소용이 있겠는가? 어차피 누가 예수이고 누가 사탄인지 구별할 수 있는 기준은 없는데 말이다. 그리스도교 윤리는 세상의 모든 윤리, 쉽게 말해 이성적 윤리를 아무렇지도 않게 거부함으로써, 선과 악의 모든 기준을 피안으로부터 계시되는 신의 의지에 정초시킨다.❶ 윤리적 행실을 통해서 구원받는 것이 아니라, 오직 믿음으로만 구원받는 것이 그리스도교의 신조이다. 신은 인간의 도덕과 윤리를 초월해 있다. 이런 까닭에 신은 더러는 백 살 때 얻은 유일한 아들을 제물로 바치라는 패륜적 요구를 하기도 한다. 아브라함은 그런 요구에 순종함으로써 믿음의 조상이 되었다.❷ 아브라함의 하나님처럼 당신도 부도덕한 패륜을 요구함으로써 당신을 따르는 자들의 믿음이 얼마나 굳건한지 시험한다면, 재림 예수라고 칭송받을 것이다. 그러므로 당신의 신도가 당신을 정말로 따르는지 아닌지를 확인하려면, 성공한 목사들이 그렇게 하듯이 빤스를 벗으라거나 집문서를 가져오라고 말해 보라. 가끔 이 나라의 검찰이 당신을 사기범이나 성폭행범으로 기소할 수도 있겠지만, 초림 예수가 박해받았듯이 재림 예수가 박해받는 것도 당연한 일이라 생각하라. 몇 년 감옥 생활 뒤에 하늘의 아버지께서는 더 큰 축복으로 그대에게 보답할 것이다. 우습지 않은가? 역사와 유리된 신앙이란 그렇게 허망하고 하찮은 것이다.

믿음이 이런 식의 유희로 끝나지 않으려면, 그것은 이성을 거스르는 것이 아니라 이성을 이끄는 것이어야 한다. 다시 말해 믿음의 영성이 이성과 대립하는 것이 아니라 이성보다 높은 곳에서 이성을 인도할 수 있어야 한다. 그렇게 믿음과 영성이 이성을 배척하지 않으면서 이성을 보다 높은 곳에서 인도하는 지평이 바로 역사이다. 이성의 인식은 자연을 향한다. 그러나 이성의 걸음은 역사의 의미에 대한 물음 앞에서 정지한다. 왜냐하면 역사에는 아무런 의미도 없기 때문이다. 적어도 이성의 눈으로 볼 때 역사에서는 어떠한 의미도 발견할 수 없다. 역사 철학이라고 규정할 만한 것이 그리스도교에만 있었던 것도 그 때문이다. 역사의 의미는 역사를 하나의 산 생명으로 볼 때만 파악할 수 있다. 그러나 이성은 역사가 하나의 산 생명이라는 것을 과학적으로 증명할 수 없다. 그것은 언제나 믿음의 일이다. 역사의 의미를 묻고 생각하는 것은 이성에 반대해서 비이성적인 생각을 하는 것이 아니라, 이성이 멈추는 곳에서 더 멀리 나아가는 것, 아니 더 높이 올라가는 것이다.

그러므로 역사의 의미에 대한 성찰은 이성과 대립해야 할 이유가 없다. 어차피 이성은 그 물음에 대답할 수 있는 능력이 없기 때문이다. 이성은 역사의 의미 앞에서 중립적이다. 그러므로 우리는 이성의 반대를 염려하지 않고서도, 역사에 대한 성찰에서 믿음의 영역으로 초월할 수 있다. 그 초월이란 역사를 맹목적이고 무의미한 사건의 진행이 아니라, 하나의 뜻과 의미의 실현으로 파악하는 데 존립한다. 하지만 역사에 뜻이 있다는 것은, 과학적으로도 철학적으로도 증명할 수 있는 것이 아니다. 그러므로 믿음이다. 그러나 오직 그렇게 이성적으로 증명할 수 없는 역사의 의미에 대한 믿음으로 정립되는 믿음만이 참된 믿음이다. 왜냐하면 그런 역사에 대한 믿음 없이 숭배되는 절대자에 대한 믿음은 개인의 구원을 지향하는 믿음일 수는 있으나 세상을 구원하는 믿음일 수는 없기 때문이다.

하지만 역사에 뿌리박은 믿음이란 또 얼마나 어려운 것일까? 사실 그것은 단적으로 불가능한 일이다. 역사에 대한 믿음이란, 역사가 우연도 맹목도 아님을 믿는 것이다. 그것은 역사에 뜻이 있음을 믿는 것이다. 하지만 역사 속에 일어난 다른 모든 일을 우리가 정당화하고 그 의미를 말할 수 있다 할지라도, 누가 감히 그 속에서 무고하게 흐른 피눈물의 의미를 말할 수 있겠는가. 그런 까닭에 역사에 대한 믿음이란, 사실 불가능한 믿음이다.

그럼에도 불구하고 그 불가능한 믿음을 믿는 것, 신은 죽었다던 니체가 말했던 것처럼, 예수를 믿는 것도 아니고 부처를 믿는 것도 아니라, 믿음을 믿는 것,❸ 그것이 참된 믿음일 것이다. 그리고 그렇게 불가능한 것을 믿는 믿음 속에 인간의 자유도 있을 것이다. 하지만 가능한 믿음이든 불가능한 믿음이든, 참된 믿음이 역사와 유리될 수 없는 것이라면, 새로운 믿음은 우리가 지금까지 형성해 온 역사의 의미를 믿음의 관점에서 해명할 때 우리에게 도래할 것이다. 그 역사는 우리가 수난과 저항과 투쟁 속에서 형성해 온 우리 자신의 역사이다. 그리고 그 역사에 뿌리박은 믿음이란 어쩌면 그 속에서 스스로 믿음의 모범이 된 사람들이 선구적으로 보여 주었던 그런 믿음일 것이다. 이를테면 최제우와 한용운과 전태일의 하나님, 우리 조상들의 하나님이 미래로부터 우리에게 도래하는 새로운 하나님일 것이다.❹ 그러나 이런 것은 아직 때 이른 말이다. 지금은 아직 밤이니, 우리는 아직 깨어 기다려야만 하리라. 머지않아 새벽이 올 때까지.

주

1. 한국 민주주의는 위기인가?

1. 서경식, 김상봉, 『만남』(돌베개); 김상봉, 『네가 나라다』(도서출판 길).
2. 백소아, 「한겨레」, "서북청년단 추태, 그것도 4월 3일 제주서…'어디라고 여길 와'", https://www.hani.co.kr/arti/society/society_general/1086234.html.
3. "Die spezifisch politische Unterscheidung, auf welche sich die politischen Handlungen und Motive zurückführen lassen, ist die Unterscheidung von Freund und Feind." C. Schmitt, *Der Begriff des Politischen*, Tübingen, 1932, p.14. 『정치적인 것의 개념』(살림).
4. 대표적으로 최장집, 『민주화 이후의 민주주의』(후마니타스).

2. 비판과 형성 사이에서

1. 이를테면 오늘날 '한류'라는 이름으로 전 세계에 퍼져 나가고 있는 한국의 대중문화는 정치적 민주화가 가져다준 가장 큰 선물일 것이다. 표현의 자유가 억압되는 곳에서 문화 예술이 꽃필 수는 없다. 민주화는 이 땅의 예술가들에게 표현의 자유, 아니 비판의 자유를 허락함으로써 한국 현대 예술사에서 새로운 시대를 열었다고 말할 수 있다.
2. 이 개념에 대해서는, 김상봉, 『서로주체성의 이념』(도서출판 길); 또는 김상봉, 고명섭, 『만남의 철학』(도서출판 길)을 참고하라.

3. 존재도, 주체도 언제나 '하나'로서 존재한다. 중세 스콜라 철학자들이 말했듯이, '존재하는 모든 것은 참이요, 하나요, 선하다.' 이런 의미에서 존재자와 하나는 분리할 수 없이 공속共屬한다. 그러나 존재가 그렇듯이 그 하나는 존재자 자체 속에 갇혀 있지 않다. 즉 그것은 존재자에 내재하는 것이면서 언제나 존재자의 직접적 현전을 넘어서 있다. 이런 의미에서 존재와 하나 모두 존재자에 대해 내재적이면서 초월적이다. 여기서 '보다 높은 하나'라는 용어는 그 초월성을 표현하는 말이다. 존재자의 상이한 부분들이 하나의 물체를 이룰 때, 그 하나가 언제나 부분들보다 더 높은 하나이듯이, 주체들이 모여 이루는 공동체 역시 개별적 주체들의 총합보다 더 높은 하나이다. 이런 점에서 물체도, 주체도, 공동체도 부분들의 총합은 아니며, 반드시 보다 높은 하나 속에서 물체로서, 주체로서 그리고 공동체로서 존재하는 것이다.

3. 정치 민주화와 경제 민주화 사이에서

1. 이 주제에 대해 나는 문재인 정부 첫해, 언론 매체에 기고한 글에서 자세히 서술했다. 김상봉, "촛불 이후, 우리가 던져야 할 근본적인 물음은?: 저항의 시대에서 형성의 시대로", 「르몽드 디플로마티크」, 2018년 12월호, pp. 26-28.
2. 두 가지만 소개한다. 하나는 지금은 사라진 민주노동당의 진보정치연구소가 펴낸, 『사회 국가, 한국 사회 재설계도』(후마니타스); 다른 하나는 김상봉, 박명림, 『다음 국가를 말하다』(웅진지식하우스). 불행히도 한국 정치를 현실적으로 주도했던 거대 정당에서는 민주노동당보다 훨씬 더 많은 연구소 예산을 국가로부터 지원받았음에도 불구하고, 진보정치연구소처럼 새로운 국가의 설계도를 떳떳이 밝힌 책을 출판한 적이 없다. 그러나 이 문제에 관해 정당만을 비판할 수는 없을 것이다. 거대 정당이 자신들이 추구하는 나라에 대한 설계도를 만들 생각을 하지 않는 까닭은, 그 정당을 지지하는 시민들이 그것에 관심을 가지지 않기 때문이다. 묻는 사람이 없으니, 대답할 필요

도 없는 것이다. 이런 점에서 문제는 정당이 아니라 우리 자신이다. 유권자들은 선거에서 이기고 지는 것에만 관심이 있을 뿐, 선거에 이겨 권력을 얻은 뒤에 나라를 어떻게 새롭게 만들 것인지에 대한 관심도 없고 고민도 없으므로, 결국 정치가 당파적 권력 투쟁 이상으로 나아가지 못하는 것이다.

3. 공화국에 대한 가장 고전적 정의는 로마의 철학자이자 정치가였던 키케로에게서 찾을 수 있다. 그는 『국가론』이라는 책(이 책의 원제목은 *De re publica*, 곧 '공화국에 대하여'이다) 1권 25절에서, 공화국을 다음과 같이 정의했다. "Est igitur, inquit Africanus, res publica res populi, populus autem non omnis hominum coetus quoquo modo congregatus, sed coetus multitudinis iuris consensu et utilitatis communione sociatus"(스키피오 아프리카누스가 말했듯이 공화국은 인민의 것이다. 그러나 여기서 인민이란 아무렇게나 모인 모든 사람의 집단이 아니고, 법에 대한 동의와 이익의 공유에 의해 결속한 대중의 집단이다). 여기서 키케로는 가장 먼저 공화국이 특정한 개인이나 계급의 전유물이 아니고 모든 인민의 소유라는 것을 분명히 전제한 다음, 구체적으로 공화국의 성격을 두 가지로 규정한다. 하나는 법에 대한 합의이다. 이것은 폭력이 아니라 모두에게 공정한 법률에 따른 통치가 공화국의 본질에 속한다는 것을 의미한다. 여기서 보편적 법을 의미하는 유스ius라는 낱말이 개인의 권리도 동시에 의미한다는 사실을 상기하면, 법에 대한 합의는 상대방의 권리를 존중한다는 합의를 의미한다는 것을 알 수 있다. 즉 상호 간의 권리에 대한 존중, 그리고 그 권리를 보존하기 위해 정립된 보편적 법률에 대한 동의와 합의가 공화국의 기초이다(그러니까 여기서 말하는 법은 한비자韓非子가 말하는 처벌을 위한 형법이 아니고 서로의 권리를 존중하기 위한 민법 체계를 먼저 의미한다. 그러니까 같은 법치를 입에 올린다 하더라도 동아시아에서 말하는 법치와 로마에서 말하는 법치는 전혀 다른 함의를 지니는 것이다). 그런 다음 키케로는 두 번째로 이익의 공유에 의해 결속된 집단이 공화국이라고 규정한다. 법이 공화국의 형식이라면, 이익은 그 내용이다. 존재하는 모든 것은 형식과 내용을 함께 지니고 있어야 한다. 국가 역시 마찬가지이다. 공화국은 형식적으로는 모두에게 공평한 법치 국가여야 하며, 내용에서는 모두에게 이익이 돌아가는 사회 국가여야 한다. 여기서 키케로가 이익의 공유

를 위해 결속한 단체라고 말할 때, 그가 사용한 낱말은 'sociatus'인데, 오늘날 우리가 사용하는 사회society라는 말이 여기서 나왔다는 것은 두말할 필요도 없다. 그런데 'sociatus'라는 말은 가족 구성원처럼 날 때부터 자연적으로 결속된 천륜의 관계가 아니라 후천적으로 동료socius가 되는 것을 말한다. 그런데 같은 인륜적 관계라도 이해관계 없이 결속하는 벗을 가리키는 단어가 친구amicus라면, 동료socius는 전쟁에서의 승리나 공동의 이익 같은 구체적 목표를 위해 결속한 사람을 가리키는 말이다. 공동의 목표와 이익의 공유가 없다면, 동료들로 이루어진 사회는 존재할 수 없다. 그런 의미에서 키케로가 말하듯이 공화국이 공동의 이익을 위해 결속한 사람들의 집단이라면, 공화국은 오늘날의 표현으로는 앞서 소개한 민주노동당의 책 이름처럼 '사회 국가'여야 한다. 만약 국가가 아무런 공동의 목표도 공유하는 이익도 없이 각자도생을 위해 서로 경쟁하는 사람들의 무리로 이루어져 있다면, 그런 국가는 아무리 국가의 형태를 띠고 있다 하더라도 결코 공화국이라고 말할 수 없다.

4. W. Eucken, *Grundsätze der Wirtschaftspolitik*, Tübingen, 1990, p.48 이하.

5. 하지만 이른바 생산 수단의 사회화라는 이념 아래 추진된 국유화 정책이 만병통치약이 아니라는 것은 1984년 봄에 시작되어 1년 이상 지속된 탄광 노조 총파업에서도 확인할 수 있다. 기간산업의 국유화는 국가가 기업의 소유주가 되고 또 종업원에 대해 사용자가 된다는 것을 의미한다. 이처럼 국가가 사용자가 됨으로써 국가는 노동자를 보호할 수 있게 된다. 그런데 기간산업이 호경기일 때, 국가와 기간산업의 노동자 사이에는 산업 평화가 유지되지만, 기간산업이 불경기를 맞으면 국가와 기간산업 노동자는 다른 모든 기업처럼 상충하는 이해관계 속에서 갈등하게 된다. 왜냐하면 국가는 특정 기간산업 노동자의 권익만이 아니라 국민 전체의 공공적 이익을 추구해야 하기 때문이다. 예를 들어 석탄 산업이 사양 산업이 된 것은 국유화의 비효율을 가장 잘 보여 주는 사례이다. 1974년 오일 쇼크 이후 전 세계적으로 석유 가격이 급등하자, 비싼 석유를 대신하기 위해 값싼 석탄 채굴이 추진되었는데, 이것이 국제적으로 석탄 가격을 급락시켰다. 당시 영국의 전력 회

사는 대부분 석탄을 발전 연료로 사용하고 있었는데, 영국 정부는 석탄 산업 노동자를 보호하기 위해 당시 국유화되어 있었던 전기 회사가 싼값에 외국산 석탄을 사용하지 않고 계속해서 비싼 영국산 석탄을 사용하게 했다. 그 결과 영국의 전력 산업은 엄청난 비효율을 감내해야 했다. 그러나 기간산업이 국유화된 상황에서 정부는 이 비효율을 해결하지 못하고 방치했는데, 1983년에 재집권한 보수당의 마거릿 대처 수상이 1984년 3월, 탄광 구조 조정에 들어가자, 탄광 노동자들은 대규모 파업에 들어간다. 영화 〈빌리 엘리어트〉의 배경이기도 했던 탄광 노조 파업은 1년 넘게 계속되었으나 국민의 지지를 전혀 받지 못했고, 결국 1985년 노조 대의원들의 자발적 결의에 의해 아무런 성과도 없는 상태에서 파업이 종료되었다. 그 이후 영국 정부는 보수당이든 노동당이든 비교적 일관되게 노동 계급에 적대적인 신자유주의 정책을 추진했는데, 그 결과 노동 운동이 유명무실해진 것은 물론, 제조업 자체가 퇴조하는 지경에 이르렀다. 그리하여 재규어나 미니 또는 벤틀리 같은 기업은 물론이고 롤스로이스 같은 자동차 기업조차 해외 자본에 매각되어, 온전한 영국 기업이라고 말할 수 있는 자동차 브랜드가 하나도 남지 않게 되었다. 한국의 언론에서는 이런 사실을 말할 때, 모든 책임을 노동조합에 뒤집어씌우는 경향이 있다. 영국에서 복수의 노동조합이 난립해 있고 그 결과 노동 운동이 분열되어 하나의 목소리를 내지 못하는 것은 사실이지만, 이것은 노동자들의 문제이기 이전에, 경제 질서에서 영국 모델 자체가 안고 있는 문제이다. 즉, 노사 관계를 안정시키고 산업 평화를 유지할 제도적 장치를 만드는 데 실패한 것이 모든 문제의 원인인 것이다. 영국이 선택한 기간산업의 국유화는 국가와 노동 계급의 동맹과 이를 통한 산업 평화를 위해 추진되지만, 경우에 따라서는 노동 계급과 국가를 심각한 적대 관계로 밀어 넣을 수도 있는 양날의 칼과 같다. 그러나 영국의 경우가 기간산업의 국유화가 모든 경우에 부정적 결과를 가져온다는 사례로 인용되어서는 안 된다. 철도와 도로처럼 처음부터 경쟁이 무의미한 사회 간접 자본이 민영화될 때 발생하는 문제는 일본의 경우에서도 명백하게 확인된다. 은행 역시 마찬가지이다. 19세기까지 미국이 그랬던 것처럼, 국가 내에서 보편적으로 통용되는 통화를 발행하는 중앙은행이 없다면, 한 국가 내에서 시장 경제가 결코 효율적으로 운영될 수 없을 것이다. 그러므로 기간산업이 어디까지 국가에 의해 운영되어야 하느냐 하는 문제는 교조적으로 단정할 문제가 아니고 거시적 경제 정책의 원리에 따라 결정해야 할 문제이다. 원칙적으로 말하자면, 경쟁이 불가피한 영역에서는 국유화가 비효율적이지만, 국내적으로나 국제적으로 경쟁이 무의미하거나 불가능한 분야에서는 국유화나 공공적 운영이 나을 것이다.

6. 이 동화 같은 역사를 여기서 자세히 소개할 수는 없다. 2차 대전 동안 독일에서는 노동조합 운동 자체가 금지되었다가, 전쟁 후 노조가 재건되는 과정에서 독일 노동조합총연맹은 안으로는 단일 노조를 지향하면서 밖으로는 노사 공동 결정권을 요구하기 시작했다. 이는 법인 기업의 경영권을 주주 대표와 노동자 대표가 동등하게 나누어 가져야 한다는 요구였다. 이로써 독일 노동조합총연맹은 기업의 소유권과 별개로 경영권의 민주적 통제를 통해 기업을 민주화하고, 이를 통해 경제 권력을 민주적 통제 아래 두려 하였다. 처음 독일 노동조합총연맹은 모든 산업에서 노사 간의 절대적 동등권을 요구하였으나, 1951년 처음 입법된 "노사 공동 결정법"은 광산과 철강 산업에만 제한된 법이었다. 그러나 그 내용은 경영진을 임명하고 해임하는 최고 권력 기구인 감독 이사회를 노동자 대표 다섯 명, 주주 대표 다섯 명으로 구성하고 합의에 의해 중립적 인사 한 명을 선임하도록 법제화한 것으로서 주주와 종업원 사이에 절대적 동등권을 실현한 것이었다. 독일은 이를 통해 노사 간의 사회적 갈등 비용을 최소화하여 산업 평화를 유지할 수 있었고, 결과적으로 라인강의 기적이라고 불리는 급속한 경제 성장을 이룰 수 있었다. 그 후 20여 년 동안 노사 공동 결정법이 광산과 철강 산업에서 아무런 문제 없이 작동하는 것을 확인한 독일 정치권에서는 1976년 여야 합의로 노사 간의 공동 결정을 전 산업으로 확장하는 법률을 통과시킨다. 이 법에 대해 당시 독일의 대기업과 사용자 단체들은 헌법 소원을 청구했으나, 독일 연방 헌법재판소는 그 헌법 소원을 기각함으로써 그 이후 노사 공동 결정법은 독일 기업의 확고한 경영 원칙으로 자리 잡았다. 노사 공동 결정법은 기업의 지배 구조에 관한 법률이지만, 그것보다 기업의 민주적 운영을 위해 실질적으로 더 강력하게 작동하는 법이 "사업장 조직법"이다. 이 법률은 1952년 처

음 제정되어 몇 번의 개정을 거쳐 오늘에 이르렀는데, 이 법률은 개별 사업장에서의 사업장 평의회Betriebsrat/work council의 구성과 권한을 규정한 법률이다. 이 법률에는 경영진이 개별 사업장을 운영할 때 어떤 문제에 대해 사업장 평의회와 협의해야 하는지를 촘촘하게 규정해 놓았는데, 특히 인사 문제에 관해서는 사업장 평의회의 동의 없이는 단 한 가지도 경영진이 독단적으로 결정할 수 있는 일이 없다. 사업장 평의회의 동의 없는 일방적 전환 배치는 불법이다. 종업원을 해고하려면 그 자체로서 지켜야 할 해고 회피 노력을 하는 것 외에도, 사업장 평의회의 동의를 얻어야만 한다. 그런 까닭에 독일에서는 기업 경영의 합리화를 명분으로 아무 대안 없이 자행되는, 이른바 구조 조정이라는 이름의 정리해고는 실질적으로 불가능하다. 그런 까닭에 석탄 산업처럼 객관적으로 어쩔 수 없는 위기 앞에서도 독일의 탄광은 일방적 구조 조정이나 정리해고 대신 다른 길을 선택하여 위기를 극복해야만 했다. 즉, 독일의 탄광은 한편으로는 종업원들의 재교육을 통한 직업 전환을 통해, 다른 한편으로는 기업 자체의 업종 변환을 통해 이른바 정의로운 전환을 실현했다. 그러나 한국에서는 이런 역사가 전혀 알려지지 않았다. 언론은 독일이 고용 유연성을 통해 경제 위기를 극복했다는 거짓된 기사를 끊임없이 내보내지만, 언론도, 학계도 독일의 노사 공동 결정 제도가 독일의 산업 경쟁력의 본질이라는 것은 알지도 못하고 알려 하지도 않는다. 그러므로 이 문제에 대해 소개할 만한 국내 저작도 거의 없다. 그러나 독자는 한국노동연구원에서 펴낸, 『독일 노동법전』(휴먼컬처아리랑)을 통해 독일의 노사 공동 결정에 관한 법률을 직접 확인할 수 있다. 김상봉, 『기업은 누구의 것인가』(꾸리에)도 참고하라.

7. 금산 분리 원칙이나 순환 출자 규제 같은 것이 경제 민주화의 구체적 내용으로 거론되기도 하지만, 이것은 엄밀한 의미에서 경제 민주화의 구체적 성과라고 보기는 어렵다. 왜냐하면 경제 민주화란 경제 권력의 민주적 통제에 존립하는 것이기 때문이다.

8. "독일이 패전하자 연합국은 독일 기간산업의 지배 구조를 바꿨다. 기존 방식대로 놓아두면 또 다른 문제를 일으킬 수 있으므로 기업의 중요한 의사 결정에 근로자 대표를 참여시키는 방식으로 기업을 민주화시키기로 한 것

이다. 그래서 1952년 강요하다시피 도입한 것이 노사 공동 결정 제도다. 경제 민주주의를 위하여 노사가 종업원 복지와 주요 인사 등에 대하여 공동으로 결정하도록 법률로 정한 것으로 자본과 노동의 동등한 권리를 인정한 것이다. 1952년 몬탄 공동 결정법에 따라 철강과 석탄 산업에 먼저 도입했다. 제도를 운영한 결과 노사 관계 안정은 물론 기업 경영에도 효율적이라는 점이 입증돼 1976년 공동 결정법에 따라 종업원 2,000명 이상 전 산업으로 확대 도입하였다." 김종인, 『지금 왜 경제민주화인가』(동화출판사), p.144.
9. 김상봉, 『기업은 누구의 것인가』.
10. 이런 것은 특별히 진보적인 이론이 아니고, 주류 학계에서도 인정하는 주식회사의 가장 기본적인 본질에 속하는 것이다. 그리고 추상적 학문이 아니라, 회사법에서 규정되어 있는 것이기도 하다. 이 문제에 대해 관심 있는 독자에게는 다른 무엇보다, 서울대학교 법학전문대학원 김화진 교수의 교과서적인 책을 권한다. 김화진, 『기업지배구조와 기업금융』(박영사).
11. 카를 마르크스, 『자본 III-1』(도서출판 길), p.586.
12. 이정환, 『한국의 경제학자들』(생각정원), pp.200-230.
13. 김상봉, "다시, 기업은 누구의 것인가: 노동자에게 사외이사 추천권을!", 「말과활」, 창간호(2013년 7-8월), pp.197-220.
14. "영국 인민은 의회 의원의 선거 동안만 자유롭다. 의회 의원이 선출되는 즉시 영국 인민은 노예가 되고, 아무것도 아닌 존재가 된다." 장 자크 루소, 『사회계약론 외』(책세상), p.114.

4. 교육의 실패와 정신의 빈곤

1. 양서 조합 운동에 관해서는, 차성환, "양서조합운동의 재조명 1: 부산양협운동의 전말", 한국민주주의연구소 엮음, 「기억과 전망」(민주화운동기념사업회), 2004년 가을호, pp.68-86; "양서조합운동의 재조명 2: 각 지역 양협운동의 전말", 2004년 겨울호, pp.146-169를 참고하라.
2. 민주화운동기념사업회 연구소 엮음, 『한국민주화운동사 1』(돌베개), p.146

를 참고하라.

5. 혁명과 영성 – 전태일과 서준식의 경우

1. 인식은 대상과 나를 처음부터 분리된 것으로 놓고 그것을 올바르게 인식하는 것이다. 이때 진리는 대상 자체와 대상의 개념 사이의 일치를 의미한다. 개념은 사물의 그림과도 같다. 그림이 사물과 똑같으면 그 그림은 참된 그림이 된다. 그러나 아무리 그림이 사물과 일치하더라도 그림이 사물과 같은 것이 되지는 않는다. 그런 의미에서 우리가 세계를 아무리 올바르게 인식하고 그런 의미에서 인식이 세계와 일치한다 하더라도, 내가 세계와 그 존재에서 하나가 되거나 하나로 이어져 있는 것은 아니다. 그런 점에서 이성의 인식이 아무리 옳은 것일 수 있다 하더라도 여전히 나와 세계는 존재론적 분열 속에 있다.
2. 게오르크 빌헬름 프리드리히 헤겔, 『법철학』(한길사), p.48.
3. 오구라 기조, 『조선사상사』(도서출판 길), pp.15-22.
4. 히브리서 11장 1절.
5. 3·1운동 이후 그리스도교가 보수화되어 간 상황을 함석헌은 다음과 같이 회고한다. "개신교는 그보다 약 한 세기 떨어져 들어왔는데 이것은 그 시초에서부터 서민적이었다. 당시에 양반 계급은 그래도 제 종교 제 윤리를 가지고 있었다 할 수 있지만 서민 계급은 참 의미에서 그들의 종교는 없었다고 하여야 옳을 것이다. 개신교가 들어오자마자 갑자기 번져 나간 것은 그 의지할 곳 없고 호소할 길 없는 소외된 서민들에게 그 환란을 건져 주고 그 억울을 갚아 주는 살아 있는 하나님과 그의 새 도덕을 보았기 때문이었다. 더구나 그때는 서구에서 민족주의가 한창 성하던 때요, 온갖 미신을 벗겨 주어 정신을 자유하게 해 주는 과학이 새 복음처럼 전파되었던 때다. 그렇기 때문에 교도는 곧 신문명의 선봉이요 민족정신의 정예분자였다. 그러므로 인생의 위안인 동시에 또 크게 발달한 역사적 활동을 불러일으키지 않을 수 없었다.

그랬기 때문에 정복자인 일본이 그것을 그냥 둘 리 없었다. 그래 일어난 것이 그 악독한 데서 비길 것이 없는 소위 105인 사건이라는 것이었다. 그러나 그런 지독한 박해에도 불구하고 개신교는 결코 수그러지지 않았다. 한 가지 도움이 된 것은 그때 외국 선교사들은 일본이 아직 동등한 강국이 되지 못한 관계로 치외 법권을 가지고 있었으므로 일본 경찰로서는 어떻게 할 수 없었던 일이다. 그러나 이것이 선교에 퍽 도움 된 것은 사실이지만, 아무리 선교사의 보호가 있다 하더라도 신도 자체가 용감한 믿음이 없었다면 될 수 없었을 것이다. 그런데 그 용감한 믿음은 결코 죽어서 천당 간다는 것 때문만은 아니고 새 역사의식이 크게 작용한 것이었다. 이것은 나 자신이 어린 시절이나마 체험했던 것이므로 확신을 가지고 증언할 수 있다. 평안도 상놈들에게 전에 그런 일이 있을 수가 없었다.

3·1운동은 그래서 있을 수 있었다. 그것은 결코 우연히 갑자기 된 운동이 아니었다. 10년 두고 기도한 결과로 된 것이다. 불교나 천도교는 직접은 아니지만 역시 기독교의 이 신앙에, 간접으로 자극을 받아서 준비가 돼 있었다 하여야 옳다. 마치 죽도록 일하여 가산을 모은 사람의 자손이 노동의 가치와 행복을 모르는 모양으로 후일 일이 다 될 대로 낙착이 되어, 식민지 살림이 쉽게 하나님의 섭리로만 보이는 전통적인 순수 복음주의 신앙에서 보는 사람 눈에는 3·1운동은 신앙적이 아니었다고 평할 수도 있겠지만 그것은 하나의 관념적인, 교리적인 신앙의 폐단에 잡혀 버린 생각이요 역사가 뭔지 모르는 생각이다. 혁명을 개인적으로 뜯어보면 망나니의 장난이 많지만 그 때문에 혁명의 뜻을 파악하지 못한 사람은 아무리 도덕적으로 자부해도 그것은 초학 훈장의 도덕밖에 못 된다. 형수가 물에 빠지면 손으로 끌어내야 합니까 하는 식이다. 역사는 그런 순 신앙을 소라처럼 두고 커다란 물결을 쳐 들어오고 나갈 것이다.

그런데 그 이후에 신앙의 경화증이 일어나기 시작한다. 그것은 박해 때문이 아니고 도리어 물질적 행복 때문이다. 큰 행복이라 할 것도 없는 것이지만, 3·1운동 이후 일본이 문화 정책을 쓰기 시작하여 어느 정도의 회유책을 쓰자, 자본주의 경제가 차차 발달하기 시작하면서 민족 안에 계급적 대립이 심해지기 시작했다. 돈과 권력의 맛을 본 사람은 민족을 버리고도 그

쪽으로 기울어지는 법이요 설혹 아주 버리지는 않는다 하더라도 타협을 하고야 만다. 참 종교, 즉 스스로 혼으로써 체험한 종교를 제해 놓고는, 그 법칙에다 복종하고야 마는 것이 역사적 사실이다. 3·1운동에 그렇게 강했던 민족정신이 그 이후 맥없이 풀어진 것도, 기도만 하면 곧 눈물로 민족의 고난을 호소하고 해외에 망명한 동포를 위해 애소하고 하던 사람들 입에서 어느덧 그것이 사라져 버리게 된 것도, 다 이 물질적 안락과 바꾸어서 된 일이었다. 나는 공산주의자들이 이것을 들어 기독교를 비난할 때마다 변명할 용기를 차마 가지지 못했다." 함석헌, "한국 기독교의 오늘날 선 자리", 「씨울의 소리」, 60호(1977년 1월), pp. 42-44.

6. "일본의 압박에 대해 싸운 것은 민족주의였는데 그것도 3·1운동을 절정으로 점점 약해지기 시작했다. 공산주의자들이 민족주의자를 비난할 때는 늘 배신했다고 욕하는데 사실 거기 대해서는 변명의 여지가 없다고 나는 생각한다. 지난날에 눈물 흘리고 생명을 내놓으며 독립운동했던 사람들이 일본의 압력이 차차 굳어지고, 그 자본주의의 성장에 따라 지극히 좁게나마 출세의 구멍을 열어 놓자 그 대개가 타협의 태도를 취하게 됐다. 변치 않는 것은 아무것도 가진 것이 없는 씨울들뿐이었다.

거기다가 공산주의자들이 계획적으로 민족진영을 무너뜨리려고 갖은 책략을 다 썼다. 오늘의 민주 공산의 대립은 거의 운명적이라고 하고 싶다. 자세한 것은 알 수 없으나 표면에 나타난 것으로 볼 때 우리나라의 공산주의는 당초에 이념의 이해로 보다는 하나의 전술로 들어오기 시작했다. 목적은 일본이란 대적을 물리치자는데 있었는데 그것을 위해서는 러시아의 힘을 비는 것이 유리하다는 생각에 친러親露의 길을 택했으며, 그 러시아가 공산주의로 됐고, 그 러시아 공산당은 세계 혁명의 한 단계로 극동을 공산화하잔 것이 그 정책이었으므로 그 영토 안에 있는 한국 사람을 이용해서 선전했다. 상해 중경에 망명해서 임시 정부를 조직하면서 민족주의요 공산주의요 하고 싸우던 사람들이 오늘의 꼴을 와 보면 어떤 느낌이 들까?

광주 학생 사건을 민족진영에선 민족정신의 발로라고 하지만 공산주의자들은 자기네 것이라고 주장한다. 사실 당시에 교육 일선에 서 있었던 사람은 아는 일이지만 벌 떼같이 일어나던 동맹 휴교는 결코 애국애족심에서만이 아니었다. 소수의 조직체를 가지고 조직 없는 민중을 어떻게 움직일 수 있는가를 시험해 보는 한편 민족주의 진영을 완전히 깨뜨려 버리자는 공산주의자의 책동이 많았다. 어떤 때는 철없는 학생들에게 민족주의 혹은 종교 신앙을 가지는 사람들이 일본 관리보다 더 미움을 받았다. 역사의 진정한 시비를 누가 능히 가릴 수 있을까? 온건했다 해서 다 일본 제국주의 앞잡이라 할 수 있을까? 사납게 굴었다 해서 다 열렬한 투사라 할 수 있을까? 아마 당시의 싸우던 사람 앞에 오늘의 이 결과를 보여 준다면 생각이 달라졌을 사람도 많았을 것이다.

한 가지 속일 수 없는 일은, 결과적으로는 일본 제국주의가 이를 봤다는 사실이다. 사실 일본 경찰은 암암리에 그 싸움을 이용하고 돕기까지 했다. 우리를 간방 안에 잡아넣고 지키는 말단 경찰관이 언젠가 우리게 이런 이야기를 했다. 공산주의자를 단번에 다 잡아 없애려면 못 할 것이 없으나, 그렇게 하면 안 되는 점이 있기 때문에 구멍에 든 게처럼 아주 잡지는 않고 발을 내밀기만 하면 잘라서 나오지만 못하게 한다고 했다. 아마 저희 일본 상전이 설명하는 것을 듣고 옮긴 것일 것인데, 그 단번에 잡아 버리면 안 된다는 점을 저도 설명 아니했고 나도 물으려 하지 않았지만, 오늘 와서 생각하면 머리가 끄덕여지는 것이 있다. 망하는 민족이란 어리석은 것이다." 함석헌, "민족노선의 반성과 새 진로", 「씨올의소리」, 13호(1972년 8월), pp. 10-11.
7. 신간회의 창립과 해소에 관한 포괄적 서술로는, 이균영, "신간회 운동", 한길사 엮음, 『한국사 16』(한길사), pp. 61-112를 참고하라. 해소에 관해서는 최원영, "신간회 해소의 배경과 과정", 『충북사학』, 6권(1993), 충북사학회, pp. 1-41; 윤종일, "신간회 해소에 대한 일 연구", 『경희사학』, 제21집(1997), 경희사학회, pp. 145-177를 참고하라.
8. 제주4·3사건을 이런 관점에서 고찰한 것으로는, 김상봉, "폭력과 윤리: 4·3을 생각함", 『인문학연구』, 제32집(2019), 인천대인문학연구소, pp. 3-44를 참고하라.
9. 1960년 3월 15일 마산 의거가 일어난 뒤에 4월 18일과 19일의 전면적 봉기가 일어나기까지 한 달여 동안 봉기의 불꽃이 꺼지지 않고 보존될 수 있었

던 중요한 요인 가운데 하나는, 부산의 학생들이 마산의 봉기에 응답했기 때문이다. 이들은 마산에서 학생들의 봉기가 소강상태에 들어갔던 3월 넷째 주, 24, 25일에 대규모 시위를 벌였다. 그 바람에 부산의 중·고등학교는 24일부터 조기 방학에 들어갔다. 4월 11일 마산 앞바다에서 마산상고 1학년 김주열의 시신이 눈에 최루탄이 박힌 채 발견된 뒤에 새롭게 일어난 마산 2차 의거에는 부산의 고등학생들이 합류하기도 하였다. 학민사 편집실 엮음, 『4·19의 민중사』(학민사), pp. 24-28; 민주화운동기념사업회 연구소 엮음, 『한국민주화운동사 1』, pp. 116-119를 참고하라.

10. 조영래, 『전태일 평전』(돌베개), p. 201.
11. 전태일, 『내 죽음을 헛되이 말라』(돌베개), p. 148.
12. 민주화운동기념사업회 연구소 엮음, 『한국민주화운동사 2』(돌베개), pp. 359-424를 참고하라.
13. 서준식, 『서준식, 옥중서한 1971-1988』(노사과연), xxii. 라이트모티프Leitmotiv란 지도 동기, 유도 동기 등으로 번역된다. "바그너 후기 악곡에서 볼 수 있는 작곡 기법으로서 음악상의 동기에 의해서 인물, 장면, 상념 등을 나타내는 것이다. 라이트모티프는 멜로디를 그대로 사용하는 것이 아니라 그 장면의 성격에 따라서 음정 등이 자유롭게 변형된다." 『음악용어사전』(일신서적), p. 116.
14. 『옥중서한』, pp. 129-130.
15. "죽은 사람들이 살아나는 일이 없다면, 그리스도께서 살아나신 일도 없었을 것입니다. 그리스도께서 살아나지 않으셨다면, 여러분의 믿음은 헛된 것이 되고, 여러분은 아직도 죄 가운데 있을 것입니다. 그리고 그리스도 안에서 잠든 사람들도 멸망했을 것입니다." 고린도전서 15장 16-18절(새번역 성경).
16. 앙드레 지드, 『좁은 문』(범우사), p. 186.
17. 『옥중서한』, p. 206.
18. 같은 책, pp. 227-228.
19. 같은 책, p. 228.
20. 같은 책, p. 228.
21. 같은 책, pp. 246-247.

22. 같은 책, pp.465-466.
23. 같은 책, p.305.
24. 같은 책, p.235.
25. 같은 책, p.243.
26. 같은 책, p.303.
27. 같은 책, p.303.
28. 같은 책, p.303.
29. 같은 책, p.303.
30. 같은 책, p.455.
31. 같은 책, p.455.
32. 같은 책, p.454.
33. 같은 책, p.455.
34. 같은 책, p.533.
35. 같은 책, p.694.

6. 촛불과 태극기 사이에서

1. 서준식은 1971년에 수감되어 1988년에 출소했다. 감옥 속에서 바깥 세계와 단절되어 있었던 그의 의식은 70년대의 전형적인 시대정신을 반영한다.
2. 김상봉, "귀향: 혁명의 시원을 찾아서_부끄러움에 대하여", 『철학의 헌정』 (도서출판 길), pp.221-295를 참고하라.
3. 정성기, "근대 맑스주의 노동운동과 기독교의 연대, 그 철학적 딜레마: 1980년대 경남 마산 창원지역을 중심으로"; 『탈분단의 정치경제학과 사회구성』(한울아카데미), p.46.
4. 같은 책, p.45.
5. 함석헌, "참 해방", 「씨올의소리」, 104호(1989년 8월), p.105.
6. 정성기, 『탈분단의 정치경제학과 사회구성』, pp.46-47.

7. 새로운 믿음을 기다림

1. "선악에 대한 지식은 모든 윤리적 고찰의 목표가 되는 것같이 생각된다. 기독교 윤리는 바로 이러한 지식을 지양하는 데서 그 첫째 과제를 갖게 된다.…기독교 윤리는 이미 선악에 대한 지식의 가능성에서 근원으로부터 타락을 인식한다. 이 근원에 있던 인간들은 오직 한 가지만을 알고 있었다. 그것이 하나님이다. 인간은 오로지 하나님에 대한 지식과 일치해서만 다른 인간, 사물, 자기 자신을 알았다. 그는 하나님 안에서만 모든 것을 알고, 모든 것 안에서 하나님을 알았다. 선악에 대한 지식은 이미 근원과의 분열이 일어났음을 지시한다.…선악에 대한 지식은 따라서 하나님과의 분열이다. 인간은 오직 하나님과 대립할 때만 선악을 알 수 있다." 디트리히 본회퍼, 『기독교 윤리』(대한기독교서회), pp. 15-16. "인간은 선악을 안다. 그러나 그는 근원이 아니라 근원으로부터 분리되는 대가를 치르고 이 지식을 얻었기 때문에 그가 알고 있는 선악은 하나님의 선악이 아니라, 하나님에 대립하는 선악이다. 그것은 하나님의 영원한 선택에 항거하여 스스로 선택한 선악이다. 하나님에 항거하는 신Gegengott 으로서 인간은 하나님과 같이 된 것이다." 같은 책, p. 17. 여기서 본회퍼는 모든 자율적 윤리학의 가능성을 부정하고 오로지 "하나님의 뜻"만을 선악의 척도로서 인정한다. "예수의 자유는 무수한 가능성 가운데서 하나의 자의적인 선택이 아니라, 그의 행위의 완전한 단순성에서 성립된다. 다수의 가능성, 논쟁, 양자택일이 아니라, 언제나 하나의 것만이 그 행위를 위해 존재한다. 이 하나란 예수가 하나님의 뜻이라고 부른 것이다. 그가 이 뜻을 행하는 것이 그의 음식이라고 그가 부른 것이다. 이 하나님의 뜻이 그의 생명이었다. 선악에 대한 지식이 아니라 하나님의 뜻으로 그는 살고 행동했다. 하나님의 뜻은 오직 하나가 있을 뿐이다. 거기에서 근원이 획득되고, 거기에 모든 행위와 단순성이 근거를 두고 있다." 같은 책, p. 26. 이처럼 이성적 윤리가 아니라 하나님의 뜻이 선악의 근원이라고 주장하는 것은 본회퍼의 특별한 견해가 아니고 개신교 신학자들에게서 일반적으로 볼 수 있는 경향성이다. 우리는 본회퍼가 말하듯이 자연적 이성에 의한 윤리의 가능성을 거부하는 것이 개신교의 본질에 속하는 것으

로서, 개신교와 천주교의 본질적인 차이도 이 점에 존립한다고 말할 수 있을 것이다. 가톨릭은 신앙과 이성의 조화를 추구하지만, 프로테스탄트 교회는 오히려 신앙과 이성의 연속성과 조화를 인정하지 않으려 하기 때문이다.
2. 키르케고르는 『공포와 전율』에서 아브라함의 이야기를 자기 나름으로 정당화하기 위해 최선을 다했다. "나의 의도는 아브라함의 이야기 속에 깃들어 있는 변증법적인 것을, 몇 개의 문제로 나누는 형식으로 끄집어내어서, 믿음이라는 것이 얼마나 엄청난 역설인가를 알고자 하는 데 있다. 즉 살인마저도 하느님의 마음에 드는 신성한 행위로 만들 수 있다는 역설, 이삭을 아브라함에게 다시 돌려준다는 역설, 이 역설을 사유는 파악할 수 없다. 믿음이란 사유가 끝나는 곳 바로 거기서부터 시작된다." 쇠렌 키르케고르, 『공포와 전율』(다산글방), p.99. "믿음 그 자체는 매개되어서 보편적인 것 속에 들어가는 그런 것이 아니다. 보편화되면 믿음은 폐기되고 말기 때문이다. 믿음은 이렇듯이 역설적인 것이므로, 개별자는 다른 어떤 사람에게 자기를 이해시킬 수가 없다." 같은 책, p.131. 그리스도교인들은 철학자들조차 너무 쉽게 믿음에 의한 사유의 정지나 윤리의 정지를 입에 올린다. 나는 그런 식의 불교적 비합리주의不立文字를 얼마든지 이해할 수 있지만, 그들이 믿음에 의거해 이성적 사유와 윤리를 거부할 때, 그들은 자기들이 신천지와 JMS 같은 사이비 종교를 위해 문을 활짝 열어 주고 있다는 것은 인정해야 할 것이다.
3. "현대인들이여, 나는 너희들을 알몸이든 옷을 입었든 간에 차마 눈뜨고 볼 수 없다. 그런 꼴을 보는 것이 나의 오장육부에는 쓰라린 고통이 된다. 미래가 주는 으스스한 느낌. 그리고 일찍이 새들을 전율시켜 날아가 버리도록 한 것들조차도 너희들이 말하는 '현실'보다는 친숙하며 다정하다. 너희들이 '우리들은 전적으로 현실주의자들이며, 신앙도 미신도 갖고 있지 않다'고 말하니 말이다. 이렇게 너희들은 가슴을 펴고 빼긴다. 펴 보일 가슴도 없으면서! 그렇다. 너희들이 어찌 신앙을 가질 수 있으랴. 너 형형색색의 점박이들이여! 너희들은 일찍이 신앙의 대상이 되었던 모든 것의 그림에 불과하지 않은가! 너희들은 신앙 자체에 대한 움직이는 반박이요, 모든 생각을 분쇄하는 자들이다. 너희 현실주의자들이여, 나는 너희들을 신앙을 가질 자격이 없는 자들이라 부른다. 너희들의 정신 속에서 온갖 시대가 서로 반목하면서

떠들어댄다. 그래도 모든 시대의 꿈과 잡담이 너희들의 각성보다는 더 현실적이다! 너희들은 생식의 능력이 없는 존재들이다. 그 때문에 너희들에게는 신앙이 없는 것이다. 그러나 창조해야 했던 자는 언제나 자신의 현몽과 별의 점복을 갖고 있었다. 그리고 신앙을 신앙했던 것이다! 너희들은 무덤을 파 시신을 묻는 자들이 그 곁에서 서성이며 기다리고 있는 반쯤 열려 있는 문과도 같다. '모든 것은 멸망해야 한다.' 이것이 바로 너희들의 현실이다."
프리드리히 니체,『차라투스트라는 이렇게 말했다』(책세상), pp.198-199.
4. 김상봉, "수운과 만해와 전태일의 하느님, 우리 조상들의 하느님",『인문학연구』, 63권(2022), 조선대 인문학연구원, pp.375-405를 참고하라.

참고문헌

국내서 및 번역서

게오르크 빌헬름 프리드리히 헤겔, 『법철학』, 임석진 옮김, 한길사, 2008.
김상봉, 『서로주체성의 이념: 철학의 혁신을 위한 서론』, 도서출판 길, 2007.
──, 『기업은 누구의 것인가: 노동자 경영권을 위한 철학적 성찰』, 꾸리에, 2012.
──, "다시, 기업은 누구의 것인가: 노동자에게 사외이사 추천권을!", 「말과 활」, 창간호(2013년 7-8월), pp. 197-220.
──, "귀향: 혁명의 시원을 찾아서_부끄러움에 대하여", 『철학의 헌정: 5·18을 생각함』, 도서출판 길, 2015, pp. 221-295.
──, 『네가 나라다: 세월호 세대를 위한 정치철학』, 도서출판 길, 2017.
──, "촛불 이후, 우리가 던져야 할 근본적인 물음은?: 저항의 시대에서 형성의 시대로", 「르몽드 디플로마티크」, 2018년 12월호, pp. 26-28.
──, "폭력과 윤리: 4·3을 생각함", 『인문학연구』, 제32집, 인천대인문학연구소, 2019, pp. 3-44.
──, "수운과 만해와 전태일의 하느님, 우리 조상들의 하느님", 『인문학연구』, 63권, 조선대 인문학연구원, 2022, pp. 375-405.
김상봉, 서경식, 『만남』, 돌베개, 2007.
김상봉, 박명림, 『다음 국가를 말하다: 공화국을 위한 열세 가지 질문』, 웅진지식하우스, 2011.
김상봉, 고명섭, 『만남의 철학: 김상봉과 고명섭의 철학 대담』, 도서출판 길, 2015.
김종인, 『지금 왜 경제민주화인가』, 동화출판사, 2012.

김화진, 『기업지배구조와 기업금융』, 박영사, 2012.
대한성서공회 엮음, 『신약성서』, 대한성서공회, 2022.
디트리히 본회퍼, 『기독교 윤리』, 손규태 옮김, 대한기독교서회, 1974.
민주노동당 진보정치연구소, 『사회 국가, 한국 사회 재설계도』, 후마니타스, 2007.
민주화운동기념사업회 연구소 엮음, 『한국민주화운동사 1: 제1공화국부터 제3공화국까지』, 돌베개, 2008.
———, 『한국민주화운동사 2: 유신체제기』, 돌베개, 2009.
서준식, 『서준식, 옥중서한 1971-1988』, 노사과연, 2008.
쇠렌 키르케고르, 『공포와 전율』, 임춘갑 옮김, 다산글방, 2007.
안도현, 『외롭고 높고 쓸쓸한』, 문학동네, 2004.
앙드레 지드, 『좁은 문』, 이정림 옮김, 범우사, 1981.
오구라 기조, 『조선사상사』, 이신철 옮김, 도서출판 길, 2022.
윤종일, "신간회 해소에 대한 일 연구", 『경희사학』, 제21집, 경희사학회, 1997, pp. 145-177.
이균영, "신간회 운동", 한길사 엮음, 『한국사 16』, 한길사, 1995, pp. 61-112.
이정환, 『한국의 경제학자들』, 생각정원, 2014.
장 자크 루소, 『사회계약론 외』, 박호성 옮김, 책세상, 2015.
전태일, 『내 죽음을 헛되이 말라: 일기, 수기, 편지 모음』, 돌베개, 1988.
정성기, 『탈분단의 정치경제학과 사회구성』, 한울아카데미, 2001.
조영래, 『전태일 평전』, 돌베개, 2001.
차성환, "양서조합운동의 재조명 1: 부산양협운동의 전말", 민주화운동기념사업회 한국민주주의연구소 엮음, 「기억과 전망」, 2004년 가을호, 민주화운동기념사업회, pp. 68-86.
———, "양서조합운동의 재조명 2: 각 지역 양협운동의 전말", 「기억과 전망」, 2004년 겨울호, pp. 146-169.
최원영, "신간회 해소의 배경과 과정", 『충북사학』, 6권, 충북사학회, 1993, pp. 1-41.
최장집, 『민주화 이후의 민주주의: 한국 민주주의의 보수적 기원과 위기』, 후마니타스, 2010.
카를 마르크스, 『자본 Ⅲ-1』, 강신준 옮김, 도서출판 길, 2010.
키케로, 『국가론』, 김창성 옮김, 한길사, 2007.
프리드리히 니체, 『차라투스트라는 이렇게 말했다』, 정동호 옮김, 책세상, 2000.
학민사 편집실 엮음, 『4·19의 민중사: 사월혁명자료집』, 학민사, 1985.
한국노동연구원 엮음, 『독일 노동법전』, 휴먼컬쳐아리랑, 2016.
함석헌, "민족노선의 반성과 새 진로", 「씨올의소리」, 13호(1972년 8월).
———, "한국 기독교의 오늘날 선 자리", 「씨올의소리」, 60호(1977년 1월).
———, "참 해방", 「씨올의소리」, 104호(1989년 8월).

외서

Eucken, W., *Grundsätze der Wirtschaftspolitik*, Tübingen, 1990.
Schmitt, C., *Der Begriff des Politischen*, Tübingen, 1932. 『정치적인 것의 개념』 (살림).

인터넷 기사

백소아, 「한겨레」, "서북청년단 추태, 그것도 4월3일 제주서…'어디라고 여길 와'", https://www.hani.co.kr/arti/society/society_general/1086234.html.

사유의 뜰 1

영성 없는 진보

초판 발행	2024년 2월 26일
초판 3쇄	2024년 7월 15일

지은이 김상봉

펴낸이	정모세
펴낸곳	한국기독학생회출판부
브랜드	온뜰
등록번호	제2001-000198호(1978.6.1)
주소	04031 서울시 마포구 동교로 156-10
대표 전화	(02)337-2257 팩스 (02)337-2258
영업 전화	(02)338-2282 팩스 080-915-1515

ISBN 978-89-328-2228-0   ⓒ 김상봉 2024

온뜰은 더 넓고 풍성한 대화를 위한
IVP의 브랜드입니다.
페이스북 ontteul
인스타그램 ontteul
이메일 ontteul@ivp.co.kr

책값은 뒤표지에 있습니다.
무단 전재와 복제를 금합니다.